KB069017

무역 창업 실무

정무섭 · 서환승

박영사

PREFACE

2013년 저자가 부산 동아대학교 국제무역학과에 부임한 이후 1년 정도 지난 시점에서 학생들이 실제 무역 실무를 해 볼 수 있는 교육 과정이 필요하다는 생각을 가지게 되었다. 그 이후 그러한 교육 과정을 캡스톤 수업과 같은 실무형 교과 과정과 창업동아리와 같은 비교과 과정이나 개인적인 무역 창업팀 지도 등을 통해 이루어보려고 지속적으로 노력해 오고 있다.

7년여가 지난 2021년 현재, 여러 학생들이 실제 졸업 후 또는 재학 중에 무역 창업을 시도해서 소중한 도전의 길을 가고 있는 모습을 보고 있다. 또한 졸업 후 취업한 제자들에게 간혹 연락이 와서 재학 시절 들었던 실무형 수업 때의 경험이 취업 과정과 취업 후에도 큰 도움이 되었다는 감사 인사를 자주 듣는다. 그때마다 좀 더 체계적으로 준비를 해서 실무형 교육이 학생들에게 더 많은 도움이 되는 방향으로 발전해 나가도록 해야겠다는 생각을 하게 된다.

이러한 상황에서 서환승 대표님이 오랜 무역회사 경험을 살려 실무형 무역 교육에 도움을 주시기로 뜻을 같이 하게 되었다. 서환승 대표님은 오랜 무역 실무경험을 토대로 본 저술의 시작과 마무리까지 전체 과정을 주도적으로 진행해 주셨고, 동시에 교수창업 기업으로 저자가 설립한 동아GTC를 같이 운영해 주시기로 했다.

대학이 전공 이론 지식에 더하여 실무 중심형 현장 지식을 키워 학생의 취업 및 창업이라는 진로 설계에 도움이 될 수 있는 교육을 실천해야 한다는 필요성은 누구나 인정하고 있다. 그러나 문제는 '어떻게'라는 방법론이다. 소위 '의, 치, 한'이라고 하는 의대, 치대, 한의대의 인기는 이러한 교육과정이 곧 고소득의 직업을 보장하는 실무형 교육이기 때문임을 생각해 볼 때, 무역 교육 또한 이러한 실무교육이 될 경우, 곧바로 무역 현장에서 수익을 낼 수 있는 최첨단 혁신적 지식을 겸비한 무역 일꾼을 길러낼 수 있을 것이다.

따라서 대학의 전공 교육 과정에서 팀을 구성하고, 협동하여 직접 무역회사를 설립하고, 무역업 전 과정의 업무를 진행해 봄으로써, 향후 무역업의 본격적인 창업이나 무역회사에 취업 시 문제 해결 능력을 키울 수 있도록 하는 교육 과정이 필요할 것이다.

　하지만 기존의 무역 실무 강의와 교재는 무역 기업의 창업 과정을 다루지 않고, 일반 창업 강의와 교재는 무역의 전문 과정을 반영하지 못했다. 그래서 무역 창업을 하고자 하는 청년, 대학생, 일반인이 무역 창업에 대해 전반적인 이해를 할 수 있는 실무와 이론을 겸한 강의와 교재를 접근할 기회가 없었다. 저자는 이런 목적으로 무역 기업을 창업하고, 경영하기까지 일련의 과정을 체험할 수 있는 강의와 교재를 기획하게 되었다.

　본 교재는 이러한 무역 창업의 실제 체험을 위해서 회사 설립에서 무역 회사의 운영까지 경험할 수 있는 전체 과정을 한 학기 14~15주차 수업과정에 맞추어 12개의 장으로 구성해 보았다. 이 책이 저자들을 포함해 무역실무를 가르치는 교수님들과 배우는 학생들에게 많은 도움이 되고, 전국의 무역을 전공하는 많은 학생들에게 무역 창업을 통해 큰 성공을 이루는 데 작은 디딤돌이 되길 바란다. 또한 이 책이 무역 창업을 시작으로 장차 우리 경제를 이끌어 갈 유니콘 기업을 만들어내는 기업가들에게 첫 시작이 되는 길잡이가 될 수 있기를 바란다.

동아대학교 부민캠퍼스에서
저자 정무섭, 서환승 씀

CONTENTS

CONTENTS

FEATURE

1. 이 책은 무역 창업을 꿈꾸는 청년 대학생들을 염두에 두고 기획되었다. 그리고 출판된 책은 무역 창업 실무 강의용 교재로 활용될 것을 고려하였다. 무역에 대한 경험이 없지만 창업을 원하는 청년, 대학생, 일반인도 빠른 시간 내에 무역의 큰 줄기를 파악할 수 있도록 하였다.

2. 기존의 국제무역 실무서들은 무역 계약의 성립에서부터 대금 결제와 클레임까지의 학문적 체계와 이론을 중심으로 상술한 책이 많았다. 본서는 저자의 무역 실무 경험을 바탕으로 실제 무역 창업에 도움이 될 수 있는 현장 지식에 더 중점을 두었다.

3. 오프라인 무역 창업과 경영 일반론에 중점을 두고 내용을 간결하게 구성하였다. 무역 실무의 세부 과정이나 자세한 지식은 해당 분야의 다른 이론서 및 실무 지침서를 참고하기 바란다.

4. 이 책의 내용을 중심으로 오프라인 무역 과정을 이해하면, 이커머스(전자상거래) 창업도 쉽게 접근할 수 있을 것이다. 일부에서 이커머스와 관련되는 부분을 언급하지만, 세부적인 사항은 이에 관한 다른 이론서와 실무 서적을 참고하기 바란다.

5. 무역은 크게 수출과 수입으로 나눌 수 있고, 서로 입장을 바꾸어 생각하면 동일한 절차로 설명할 수 있다. 본서는 수출을 위주로 설명하고, 필요한 경우 수입 부분을 수출과 같이 설명할 것이다. 수입에 특유한 부분은 별도로 설명하기로 한다.

6. 각 장의 끝에서 수행 과제를 제시하였다. 실제 과제를 수행해 봄으로써 강의 내용으로 이해하는 것에서 나아가 실제적으로 필요한 실무 감각을 익힐 수 있도록 하였다.

7. 현장감 있는 이해를 돕기 위해 필요한 경우 해당 내용 설명이나 실무와 관련된 사례를 많이 제시하였다. 저작권 문제로 전체를 그대로 인용할 수 없어, 독자들이 직접 찾아 원문을 찾아볼 수 있도록 자료 출처를 같이 수록했다.

8. 12장에서 저자가 무역 실무 강의(전자상거래 무역)에서 진행했던 우수한 사례들을 제시했다. 수업에서 우수한 사례로 주목 받았던 팀들이 실제 창업으로 이어져 성과를 보인 사례가 다수 있다. 더 많은 청년, 대학생, 일반인이 무역 창업에 도전할 수 있는 참고 사례로 활용할 수 있기를 희망한다.

제1장
무역 창업 준비

제1장 무역 창업 준비

제1절 무역 창업의 이해

1. 무역의 개념과 특성

무역이란 넓은 의미로 "물품과 대통령령이 정하는 용역 또는 전자적 형태의 무체물의 수출입(대외무역법 제2조(정의) 제1호)"이라고 정의한다. 좁은 의미로는 물품과 대금을 교환하는 국제거래라고 정의할 수 있다.[1]

즉, 서로 다른 국가에 소재하는 매도인(seller)과 매수인(buyer)이 수출입 거래를 수행하는 것을 무역이라 할 수 있다.

무역은 서로 다른 외국에 있는 매도인과 매수인 간의 국제거래라는 특성 때문에, 국가에 따라 그 규제와 지원 내용이 달라진다. 수입국의 관세 및 각종 비관세 장벽(검역 등)으로 수입이 제한 또는 중단되거나, 외환 규제로 대금 지급이 연기되거나, 불가할 수 있다. 그리고 국가 간 사용하는 통화가 다르고, 무역계약과 대금 지급 시기에 따른 환율이 변동되기 때문에 환위험이 있을 수 있다.[2] 이 때문에 무역계약 체결 및 이행 과정에서 국내 거래보다 더 신중해야 하고, 많은 사항을 검토하고 확인해야 한다.

---

[1] 오원석 · 박광서, 2020, p.35.
[2] 오원석 · 박광서, 2020, pp.36-39.

2. 무역 창업의 과정

본서에서 무역 창업은 무역을 업으로 하는 회사를 설립하고, 무역 계약 체결 및 이행 과정과 그에 관련된 경영과 관리적 요소를 포함하는 활동이라고 전제하고 논의를 전개하고자 한다.

무역 창업에 대한 설명은 거래의 방식이나, 거래 대상인 아이템에 따라 선후 과정이 약간 달라질 수 있다. 본서에서는 가장 전형적인 설명 방식에 따라 준비 단계, 회사 설립 단계, 시장조사 단계, 아이템 선정 단계, 공급선 및 고객 발굴 단계, 판매 및 마케팅 단계, 무역 협상 및 계약 체결 단계, 운송계약 및 선적 단계, 대금결제 단계, 경영관리 및 매출관리 단계, 사후고객관리, 평가 및 피드백 관리 단계, 클레임 관리 단계로 나누어 설명하기로 한다.

1. 기업가 정신의 중요성

무역 창업에 있어서 출발점이며, 가장 중요한 원동력은 '창업'을 하고자 하는 열망이다. 창업에 대한 꿈과 열정이 행동으로 구체화된 실체가 창업 기업(startup)이며, 창업 기업과 그 이후의 기업 경영의 추진력은 기업가 정신이다.

기업가 정신(Entrepreneurship) 혹은 창업가 정신은 외부환경 변화에 민감하게 대응하면서 항상 기회를 추구하고, 그 기회를 잡기 위해 혁신적인 사고와 행동을 하고, 그로 인해 시장에 새로운 가치를 창조하고자 하는 무역 창업가의 생각과 의지를 말한다.[3]

무역 기업이 창업을 하여, 초기 부족한 물적, 인적 자원의 한계를 극복하거나, 급속하게 변화는 글로벌 경쟁 환경 속에서 지속 가능한 가치를 포착하고, 실천하는 혁신과 도전 역량을 기업가 정신이라 할 수 있다. 기업가 정신은 그 기업의 성공 가능성과 지속 가능성을 결정하는 핵심적 요소이다.

2. 기업가 정신의 구성 요소

구체적으로 기업가 정신이 무엇인지 그 내용에 대해서는 학자에 따라, 분석 관점에 따라 다양하다. 최초로 기업가정신을 학문적으로 접근한 슘페터(Joseph Schumpeter)는 '새로운 사업에서 생길 수 있는 위험을 감수하고 어려운 환경을

---

3 (위키피디아 재인용) 기술창업자의 학습동기, 학습의지가 기업가 정신과 기업성과에 미치는 영향(2010), 송정현.

헤치며 기업을 키우려는 뚜렷한 의지'라고 정의하였다.[4]

글로벌기업가정신개발연구센터(GEDI : Global Entrepreneurship and Development Institute)는 기업가 정신을 기업가를 둘러싼 생태시스템적 측면에서 태도(Attitudes), 능력(Ability), 열망(Aspirations)의 총체로 파악하고 있다.[5]

▌그림 1-1 기업가 정신과 생태 환경적 구성

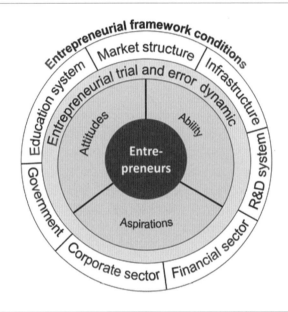

자료 : 글로벌기업가정신개발연구센터(GEDI : Global Entrepreneurship and Development Institute)

기업가의 개인적 특성의 차원에서 보다 다양한 요소가 제시되고 있으나, 공통적으로 거론되고 있는 요소는 다음 표와 같다. 글로벌 환경에서 경쟁하는 무역 창업 기업가들이 갖추어야할 자질과 능력이다.

---

4 중소기업연구원, 2017.
5 Zoltán J. Ács et al., 2020.

차원	개념적 정의
혁신성 (innovativeness)	새로운 제품과 서비스, 그리고 프로세스 개발을 목표로 한 실험과 창조적 프로세스를 통한 새로운 것을 기꺼이 하려는 마음
위험감수성 (risk taking)	예측 가능한 결과의 지식 없이 실행하는 의사결정 활동, 위험을 감수하는 벤처프로세스에서 구체적인 지원의 몰입을 포함하는 실행
진취성 (Proactiveness)	미래 수요를 예측하고 기회를 포착하는 통찰력을 가진 진취적 특성
자율성 (autonomy)	개인이나 팀이 독립적으로 움직이는 기업가적인 감각, 조직의 관료주의를 탈피하여 새로운 가치와 아이디어를 추구하는 기업가적인 독립성
경쟁적 공격성 (competitive aggressiveness)	시장에서 경쟁사를 압도하기 위해 직접적이고 집중적으로 경쟁하려고 하는 성향

자료 : Dess and Lumpkin(2005); Covin and Slevin(1991); Lumpkin and Dess(1996); Miller(1983), 재인용, 사단법인 한국창업보육협회, 2017

3. 한국의 기업가 정신과 글로벌 기업가 정신 지수

한국이 열악한 여건 속에서 짧은 시간 내에 산업화를 이룰 수 있었던 것은 투철한 기업가 정신과 무역을 통한 성장 전략 때문이었다. 1세대 산업화의 주역인 창업 기업가들의 사례를 참고하여, 앞으로 무역 창업을 꿈꾸는 창업 기업가들이 저성장 시대를 극복하고 다시 도약할 수 있는 열쇠를 찾아야 할 것이다.

그리고 이를 위해 글로벌 환경에서 우리의 기업가 정신이 어느 정도 위치에 있는지도 참고할 필요가 있다.

▌표 1-2　글로벌 기업가 정신 지수 및 하위 지수 랭킹(상위 25개국, 2019)

Countries	GEI	GEI rank	ATT	ATT rank	ABT	ABT rank	ASP	ASP rank
United States	86.8	1	83.5	1	89.7	2	87.2	2
Switzerland	82.2	2	72.2	9	85.6	3	88.6	1
Canada	80.4	3	78.0	3	83.8	4	79.4	3
Denmark	79.3	4	75.5	5	90.1	1	72.3	9
United Kingdom	77.5	5	73.5	8	82.6	5	76.3	6
Australia	73.1	6	74.1	7	80.1	6	65.2	19
Iceland	73.0	7	77.8	4	71.0	10	70.1	12
Netherlands	72.3	8	82.3	2	74.4	9	60.3	22
Ireland	71.3	9	65.6	15	79.1	7	69.0	14
Sweden	70.2	10	67.1	14	77.1	8	66.5	17
Finland	70.2	11	74.5	6	64.6	17	71.4	10
Israel	67.9	12	64.0	16	62.6	18	77.2	5
Hong Kong	67.9	13	68.4	10	64.7	16	70.5	11
France	67.1	14	56.8	20	66.8	13	77.7	4
Germany	66.7	15	57.8	19	68.2	11	74.0	8
Austria	64.9	16	63.8	17	65.1	14	65.7	18
Belgium	62.2	17	49.8	27	67.4	12	69.4	13
Taiwan	62.1	18	53.2	25	58.0	22	75.0	7
Chile	58.3	19	67.8	13	53.3	25	53.6	30
Luxembourg	58.1	20	45.6	32	65.0	15	63.7	20
Korea	58.1	21	67.8	12	46.3	36	60.1	23
Estonia	57.8	22	68.0	11	50.8	28	54.8	27
Slovenia	56.5	23	56.5	23	57.6	23	55.4	26
Norway	56.1	24	63.7	18	60.7	20	43.7	41
United Arab Emirates	54.2	25	56.6	22	51.7	27	54.1	28

자료 : 글로벌기업가정신개발연구센터(GEDI : Global Entrepreneurship and Development Ins
titute)

일반적으로 기업가 정신(entrepreneurship)이란 '기업의 경영과 관련하여 경영인의 목표와 전략을 형성하도록 하는 신념과 지식'을 지칭하는 한편, 창업이념(foundation philosophy 혹은 창업정신)은 '창업주로 하여금 창업에 이르도록 결단을 내리는 토대가 되는 철학 혹은 정신'을 의미한다. 즉 창업이념이 기업을 세우는 원동력이라면, 기업가 정신은 계속기업(going concern)으로서의 기업을 존속시키고 경영함에 있어서 그 목표와 전략을 형성하는 정신적 기반 즉 경영철학이요, 경영이념이다.

1997년의 IMF 외환위기와 2008년의 세계적 금융위기를 겪으면서도 굳건히 우리 경제를 지금까지 성장 발전시켜올 수 있었던 것은 정부와 국가지도자의 지혜로운 정책적 노력이 있었고, 기업가들의 굳건한 기업가 정신과 실천 때문이었다. 우리나라의 산업화 역사는 창업 기업가들이 온갖 역경을 극복하고 위기를 기회로 바꾼 고난의 성장사이다. 이들이야 말로 한강의 기적을 일군 우리나라 경제 발전의 주역이자 표상이다. 신화의 창조자들이다.

▌ 한국 주요 대기업의 창업이념과 기업가 정신의 비교연구 및
한라그룹 정인영 창업회장의 생애와 기업가정신 중에서 발췌

자료 : 경희대학교 중앙도서관, https://library.khu.ac.kr/seoul/entrepreneurship/entrepreneurs

1. 사업계획서의 기능

사업계획서란 사업 아이디어를 투자, 생산, 판매와 같은 경영활동을 통해 구체화해 나가는 과정으로 집약한 문서이다.[6] 여기서는 창업을 위한 사업계획서뿐만 아니라, 기 창업한 업체가 신규 사업 진행을 위한 사업계획서를 포함해 일반적인 사업계획서에 대해 설명하고자 한다. 무역 창업에 있어서는 업종의 특성에 맞게 변경하여 사업계획서를 작성할 필요가 있다.

(1) 체계적인 사업 준비 수단

사업계획서는 사업을 계획하는 미래의 청사진과 경영의 가이드라인으로서, 사업 전반에 관한 내용인 사업과 경쟁 환경, 잠재시장 분석, 위험 부담 등을 객관적으로 살펴 볼 수 있는 기회가 된다. 그러므로 체계적인 사업 준비에 유리하다.

(2) 사업의 성공 가능성 제고

사업계획서는 계획적인 사업 준비를 통해 가능한 시행착오를 줄이고, 시간과 비용을 절감하게 하며, 창업에 필요한 제반 요소와 부족한 점을 점검함으로써 계획하는 사업의 성공 가능성을 사전에 확인해 볼 수 있는 기능을 한다.

---

6 우리은행, 중소기업을 위한 현장실무 가이드, p.10.

(3) 자본 조달의 도구

사업계획서는 창업에 도움을 줄 제3자, 즉 동업자, 출자자, 금융기관, 매입처, 매출처, 더 나아가 고객에 이르기까지 투자의 관심과 설득을 유도하는 제안서의 기능도 한다.[7]

2. 사업계획서의 작성 원칙

사업계획서가 기능을 제대로 발휘하기 위해서는 다음과 같은 원칙을 고려해야 한다.[8]

(1) 신뢰성 : 객관적 자료에 근거해 전문가적인 분석 과정을 거쳐야 한다.

(2) 일관성 : 각 부문 계획 간의 논리적 일관성이 확보되어야 한다.

(3) 구체성 : 구체적이고 명료하게 기술해 관련자가 이해할 수 있어야 한다.

(4) 타당성 : 계획 사업의 성공 가능성에 대해 투자자 등 제3자가 수긍할 수 있어야 한다.

(5) 독창성 : 기존 사업이나 경쟁 업체와 구별되는 차별성을 부각해야 한다.

(6) 진취성 : 미래의 결과를 낙관하는 진취적인 태도가 설득력을 얻을 수 있다.

---

7 김형길, 정구도, p.145.
8 우리은행, 중소기업을 위한 현장실무 가이드, p.10.

3. 사업계획서의 구성

사업계획서는 그 용도에 따라 다소 차이가 있지만, 일반적으로 다음과 같은 내용으로 구성된다.[9]

(1) 회사 현황

- 창업자(대표자) 현황
- 회사의 비전과 일반 현황 : 비전, 연혁, 경영진, 기술진, 조직도, 주주 현황, 관계회사, 특허

(2) 사업성

- 제품 및 서비스의 특성, 기존 제품과의 차별성, 개발 동기, 기대 효과(수입 대체, 고용 창출)

(3) 기술성

- 기술의 개요, 기술 개발실적, 기술의 차별성, 기술 적용사례, 향후 개발계획, 기술 파급효과

(4) 시장성

- 동종 산업 성장성 , 국내외 시장 현황, 시장 점유율과 경쟁 관계, 목표 시장과 잠재 고객 분석

(5) 사업 운영 계획

- 생산운영 계획 : 생산 시설 확보, 원자재 조달, 품질 관리, 재고 관리

---

9 중소기업 현장 실무 가이드(우리은행) p.10, 창업경영(김형길 외) pp.149-156 참조.

- 마케팅 계획 : 판매 전략, 가격 정책, 매출 계획, 수출 계획
- 인력 계획 : 부문별 재직 인원, 추가 인력 확보 계획
- 비용 및 수익계획 : 매출액 계획 분석, 판관비 및 일반관리비 분석, 영업 외 비용
- 사업추진 일정 : 사업장 확보, 인허가, 개발 및 마케팅, 자금 조달 등에 관한 세부 일정

(6) 소요자금 조달계획 및 재무계획

- 자금조달 계획 : 소요 자금계획, 자금 조달계획, 투자 유치계획, 차입금 상환계획
- 재무계획 : 추정손익계산서, 추정대차대조표, 추정현금흐름표, 제조원가 명세서

(7) 부속서류 첨부(사본)

- 특허 등 지적재산권, 인허가 및 무역업등록증, 경영활동 관련 주요 계약, 매스컴 보도자료

아래 창업기업 사업계획서 양식은 구성 내용이나 포맷이 정부 정책 지원 사업을 신청 시에 쓰이는 가장 일반적인 양식이다. 투자 유치용 IR이나 다른 용도로 쓰이는 사업계획서도 대부분 거의 유사한 내용으로 구성되어 있다.

2016년도 로봇융합 비즈니스 지원사업
창업기업 사업계획서

※ 본문은 10page 내외로 작성(증빙서류 등은 제한 없음), '파란색 안내 문구'는 삭제하고
검정색 글씨로 작성하여 제출
※ 양식의 목차, 표는 변경불가(행추가는 가능)하며, 필요 시 사진(이미지) 또는 표 추가 가능

분야	구동기, 센서, 제어기, 기타	기업명	
사업자 구분	개인 / 법인	개업연월일 (회사성립연월일)	2000. 00. 00
성명		생년월일	1900.00.00 / 성별 남 / 여
창업아이템명			

• 개인사업자는 '개업연월일', 법인사업자는 '회사성립연월일'을 기재 (최초 등록 사업자 기준)

1. 사업아이템 개요

사업아이템 소개	※ 핵심기능, 소비자층, 사용처 등 주요 내용을 중심으로 간략히 기재
경쟁제품 분석	※ 경쟁제품(유사제품)의 주요기능 및 차별점 등을 간략히 기재
국내외 목표 시장	※ 국내 외 목표시장, 판매 전략 등을 간략히 기재
이미지	※ 아이템의 특징을 나타낼 수 있는 참고사진(이미지) 또는 설계도 삽입 < 사진(이미지) 또는 설계도 첨부 >	※ 아이템의 특징을 나타낼 수 있는 참고사진(이미지) 또는 설계도 삽입 < 사진(이미지) 또는 설계도 첨부 >

1. 비즈니스 모델의 필요성

비즈니스 모델이란 기업이 포착한 가치를 수익으로 연결시키는지 방법을 모델화 것이다. 사업계획서가 경영 활동의 각 부분과 절차 별로 사업의 개요와 계획을 구체적으로 표현한 것(What)이라면, 비즈니스 모델은 어떻게 수익을 창출하는지(How)를 압축적으로 보여주는 frame이라고 할 수 있다.[10] 양자는 사업 실행의 준비 단계에서 활용되는 수단이라는 측면에서 상호 밀접한 연관성을 가지며, 중복되는 요소가 많다. 창업 기업은 비즈니스 모델을 검토한 후, 사업계획서를 작성하는 것이 더 효과적인 방법이 될 수 있다.

비즈니스 모델이 기업의 성공 여부를 결정하는 사례는 흔히 볼 수 있다. 아래의 비즈니스 모델혁신 사례를 통해, 비즈니스 모델을 구체적으로 이해하고, 그 필요성과 중요성을 확인할 수 있을 것이다.[11]

---

10 중소벤처기업부 창업진흥원, 기술창업론_K-Startup, 2016.
11 LG경제연구원, 비즈니스 모델 혁신에 성공한 기업들, pp.51-56.

(1) 델 컴퓨터

델 컴퓨터는 build to order 방식을 컴퓨터 제조업에 도입하면서 기성복처럼 만들어져 시장에 판매되고 있던 컴퓨터 제품들의 시장 판매 방식 및 대응 사이클을 획기적으로 바꾸면서 기존 업체들과 차별화된 비즈니스 모델을 창출한 사례이다.

(2) Zara

스페인 Inditex의 Zara 패션 브랜드는 기존 패션업계에서 1년 이상 걸리던 신제품 출시 사이클을 4주로 단축시킨 패스트 패션(fast fashion)을 선보인 비즈니스 모델 혁신 사례이다. Zara의 디자이너들은 세계 각국 매장에 있는 POS 시스템을 통해 고객이 선호하는 디자인 정보와 시장조사 정보를 바탕으로 2주만에 패션을 재창조해 내면서 2주 후에는 매장에 새로운 컬렉션을 선보이는 방식이다.

(3) 구글

구글은 무료 검색 엔진을 제공하고 광고 수익을 통해 이윤을 창출하면서 모두가 윈-윈 할 수 있는 혁신적인 비즈니스 모델을 만들어 냈다. 기존 광고가 불특정 다수인 대중에게 특화되지 못한 메시지를 전달할 수밖에 없는 ATL(above the line) 방식이었던 것과 달리 맞춤형 광고를 할 수 있는 성능을 지닌 알고리즘과 이에 대한 기업과 사용자들의 수요가 합치되는 모델이 성공의 요인이다.

자료 : LG경제연구원, 비즈니스 모델 혁신에 성공한 기업들

2. 린 비즈니스 모델 캔버스

비즈니스 모델 이론을 주창한 Osterwalder는 『Business Model Generation (2009)』에서 비즈니스 모델이란 '조직이 가치를 창출하여, 전달하고, 포착하는 방법의 이론적 근거를 설명하는 것'이라고 정의했다. 그리고 기업의 비즈니스 모델(BM)을 한 눈에 파악(Snapshot)할 수 있는 9개 블록의 비즈니스 모델 캔버스 개념을 제시했다.

이후 Osterwalder의 비즈니스 모델 캔버스가 스타트업 적용에 한계가 있다는 문제가 제기되기 시작하면서, 스타트업은 최대한 적은 자본으로 비즈니스 모델을 신속하게 검증해야 한다는 린 스타트업(Lean Startup)의 개념이 등장했다. Steve Blank(2012)는 스타트업을 '반복가능하고 확장시킬 수 있는 비즈니스 모델을 찾기 위해 구성된 임시 조직'이라고 정의하고, 최대한 적은 자본을 투자하여 자신의 비즈니스 모델의 가설을 신속하게 검증해야 함을 강조했다.

Ash Maurya는 『Running Lean(2012)』에서 Osterwalder의 비스니스 모델 캔버스를 수정하여 스타트업을 위한 린 캔버스(Lean Canvas)를 제시하였고, Eric Ries는 이를 바탕으로 9 블록의 린 비즈니스 모델 캔버스를 완성하였다.

린 캔버스는 Fast, Concise, Portable을 핵심으로, 문제(가장 중요한 세 가지 문제), 세분화된 고객(목표고객), 고유의 가치제안(제품을 구입해야하는 이유와 다른 제품과의 차이점을 설명하는 알기 쉽고 설득력 있는 단일 메시지), 솔루션(가장 중요한 세 가지 기능), 유통채널(고객 도달 경로), 수익의 흐름(매출 모델, 생애가치, 매출, 매출총이익), 비용구조(고객 획득 비용, 유통 비용, 호스팅 인건비 등), 핵심지표(측정해야 하는 핵심 활동), 경쟁우위(다른 제품이 쉽게 흉내 낼 수 없는 특징)로 블록을 구성하였다.[12]

---

12 김애선 외, 2019, 유니콘 비즈니스 모델, KCERN 57차 공개포럼 보고서, pp.36-41.

아래에서는 린 비즈니스 모델 캔버스의 내용을 살펴보고, 이를 모바일 차량 이용 공유 플랫폼인 우버(Uber) 서비스를 적용시킨 사례를 보기로 한다.

▌표 1-3 린 비즈니스 모델 캔버스(Lean Business Model Canvas)

문제	솔루션	고유의 가치 제안	경쟁 우위	고객군
가장 중요한 세 가지 문제 (문제에 대한 고객들의 니즈 포함) **1**	가장 중요한 세 가지 기능 **4**	제품을 구입해야 하는 이유와 다른 제품과의 차이점을 설명 하는 알기 쉽고 설득력 있는 단일 메시지 **3**	다른 제품이 쉽게 흉내 낼 수 없는 특징 **9**	목표 고객
	핵심지표 측정해야 하는 핵심 활동 **8**		채널 고객 도달 경로 **5**	**2**
비용 구조 고객 획득 비용, 유통비용, 호스팅, 인건비 등 **7**		수익원 수익 모델, 고객생애가치, 수익, 매출총이익 **6**		

제품 　　　　　　　　　　　　　　 시장

자료 : 중기부 창업진흥원, 기술창업론, 2016

(1) 문제(Problem)

가장 중요한 3가지 문제를 도출한다. 고객의 요구(needs)와 기존 대안(경쟁 제품)을 고려한다.

(2) 고객군(Customer Segments)

동종 제품을 사용하고 있는 사용자가 전부 창업 기업의 고객이 될 수 없다. 발견한 문제점을 기반으로 목표 고객을 구체화한다. 창업 초기에는 얼리 어답 터를 중심으로 제품의 필요성(needs)을 검증한다.

(3) 고유의 가치 제안(Unique Value Proposition)

제품을 구매해야 하는 이유와 다른 제품과의 차별화된 특성이 무엇인지, 즉 제품이 고객에게 주는 새로운 가치가 무엇인지를 압축된 메시지로 표현한다. 제안된 가치는 해결될 문제와 연관성을 가져야 하고, 고객이 누릴 수 있는 혜택이 무엇인지를 제시해야 한다.

(4) 해결책(Solution)

구체적인 솔루션 보다 가장 단순하게 실행할 수 있는 3가지 방법을 구축한다. 최소기능제품(MVP ; Minimum Viable Product), 즉 최소한의 핵심기능만 가진 시범제품(prototype)으로 고객의 반응을 통해 수정, 개선점을 찾는 과정을 반복한다.

(5) 채널(Channels)

채널이란 유통이나, 마케팅 채널 등 고객에게 도달하는 경로를 말한다. 창업 초기에 사용할 채널과 안정적으로 대규모 고객을 확보한 후에 사용할 채널을 구분해서 테스트하는 것이 필요하다.

(6) 수익원(Revenue Streams)

실현 가능한 수익 모델, 매출, 매출총이익, 고객생애가치 등의 요소를 검토하여야 한다. 고객의 평가를 판단할 수 있는 가장 좋은 방법이므로 MVP제품도 그 가치에 합당한 가격을 설정해야 한다.

(7) 비용 구조(Cost Structure)

제품생산 비용, 고객 획득 비용, 유통 비용 등을 고정비와 변동비로 구분하여 분석한다. 수익원과 비용 구조를 판단하면, 손익분기점이나 투자의 필요성을 검토할 수 있다.

(8) 핵심 지표(Key Metrics)

사업의 진행 상황을 파악하기 위해 측정해야 할 핵심 활동을 말한다. 사용자 유치(Acquisition), 사용자 활성화(Activation), 사용자 유지(Retention), 매출(Revenue), 추천(Referral)으로 구분할 수 있다.

(9) 경쟁 우위(Unfair Advantage)

경쟁자가 생긴다 하더라도 쉽게 따라할 수 없는 우위성을 말한다. 내부자 정보, 권위 있는 전문가의 지지, 개인적인 권위, 환상적인 팀, 대규모 네트워크의 효과, 커뮤니티, 기존 고객 등을 예로 들 수 있다.[13]

---

13 중기부 창업진흥원, 2016, 기술창업론, pp.9-17.

│ 우버(Uber) 서비스의 린 비즈니스 모델 캔버스

문제	솔루션	고유의 가치 제안	경쟁 우위	고객군
안정성 문제 가격 문제 탑승대기 문제 법적 규제 문제	신속한 결제 가능 고객 만족서비스 가능 운전자 평가 가능 가격 알람 서비스 (푸시 알람) 각 나라 법규에 맞는 사전 승인	안정성과 신뢰성 빠른 고객확보	선발자 우위 운전자와 고객에게만 권한부여 높은 품질의 고객 응대 브랜드 인식 제고 수많은 유명 인사 추천	상류층 사업가 전문직 종사자 도시중산층 얼리어답터 : 택시나 렌터카 이용 고객
	핵심지표 고객과 운전자가 함께 하는 더 큰 공유 커뮤 니티 구축 고객과 운전자를 위한 마켓 플레이스 플랫폼 구축		채널 초기 : 모바일 앱 채널 확장 : 바로 푸시 알림 시스템	
비용 구조 자동차에 재투자를 하지 않아도 됨 정부 및 규제 관계 비용 절약 서비스 제공자 무고용		수익원 - 운행 수수료 - 장비 및 자동차 대출 수수료 - 시장 확대로 인한 수익 증가 - 고객택시를 통한 수익 (우버블랙) - 개인 자동차로 영업 (수익 구조 다양화, 우버엑스)		
제품		시장		

자료 : 중기부 창업진흥원, 기술창업론, 2016.

3. 무역 창업의 비즈니스모델

비즈니스 모델은 창업을 시작할 때 사업 계획을 세우기 위해 기본적으로 활용하는 모델이다. 무역 창업을 비즈니스 모델 캔버스에 적용하기 전에 먼저 무역업의 형태를 고려하여야 한다.

거래 형태나 수익원에 따라 무역업은 아래와 같이 구분할 수 있다. 본서에서는 자기의 책임과 위험 부담으로 직접 계약하고, 모든 의사결정을 하는 직접 무역을 중심으로 무역 창업 과정을 살펴볼 것이다.

(1) 직접 무역

무역 업체가 자신의 명의로 계약하고, 수출, 수입 가격에 자신의 마진을 직접 결정하여 거래한다.

(2) 간접 무역(오퍼상, 넓은 의미의 무역 대행)

해외의 판매자와 국내의 수입자의 명의로(수입), 혹은 국내의 수출자와 해외의 구매자의 명의로(수출) 무역 계약을 하고, 무역 업체는 해외 판매자나 국내 수출자의 거래량에 비례해서 일정 비율의 commission(수수료)를 받는다.

(3) 무역 대행(좁은 의미의 무역 대행)

무역업체가 수출입 절차를 대행해 주는 서비스를 공급하고, 수수료를 받는다. 해외 직구 대행 서비스를 그 예로 들 수 있다. 간접 무역의 경우 해외 판로 개척이나 국내 영업과 판매를 대신하는 것도 그 업무에 포함되지만, 좁은 의미의 무역 대행은 단순히 수출입 절차만 대행해 준다.

(4) 무역 컨설팅

무역업체가 해외 시장 조사, 해외 전시회와 수출 상담 지원, 수출 마케팅 등에 관한 자문을 해주는 서비스를 말한다.

1. 창업 자금의 중요성

창업 자금이란 기업의 창업에 필요한 자금과 초기 일정 기간 동안의 운영에 필요한 자금을 말한다. 창업 초기에는 공장이나 사무실의 매입 혹은 임대, 설비 구매, 개발 및 시험, 핵심 인력 확보, 마케팅 등 필수적인 기업 활동을 위해 많은 비용이 필요하다. 반면, 창업 후 일정 기간까지는 안정적인 매출을 기대할 수 없어 수익을 예측하기 어렵다.

따라서 창업 초기에는 창출된 수익보다 소요되는 비용이 더 큰 경우가 일반적이다. 최소한 창업 후 1~3년 동안 이러한 갭을 메울 수 있는 넉넉한 자금의 확보가 창업 기업(Startup)의 성장에 필수적인 요소이므로, 창업 준비 단계와 초기 창업 단계에서는 면밀한 소요 자금 계획과 확보 계획, 지속적인 자금 운영 상황 점검 및 관리가 무엇보다 중요하다.

많은 Startup들이 창업한 후로부터 3년까지의 기간 동안을 자금의 갭을 극복 못하고 실패하기 때문에, 이 기간을 Startup의 "죽음의 계곡(Valley of Death)"이라고 한다. 이를 극복하기 위해서는 창업 준비기에서부터 창업 자금에 대한 철저한 검토와 준비가 필요하다.

▌ 그림 1-2 창업기업의 성장 단계와 자금 소요

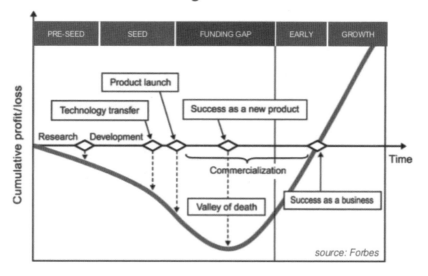

자료 : Fobes. https://www.forbes.com/sites/martinzwilling/2013/02/18/10-ways-for-
startups-to-survive-the-valley-of-death/?sh=8a401c469eff

2. 창업 자금의 산출

창업하는 사업의 종류나 규모에 따라 소요되는 자금의 항목과 비용의 크기가
달라진다. 일반적으로 창업에 소요되는 자금은 자산을 구입하는 시설자금,
운영경비로 지출되는 운전자금, 그리고 예비자금으로 구분할 수 있다. 창업에
소요되는 자금을 예측하기 위해서는 항목별로 소요 자금 계획을 작성해야 한다.

(1) 시설자금

주로 회사 설립 시에 일회 고정적으로 지출되는 자금으로 유·무형의 고정자산 및 기타 자산 매입에 필요한 비용이다. 대지 매입비, 건물 등 건축비, 부대 공사비, 사업장 매입비, 임차보증금, 생산설비 및 부대시설 구입비, 차량 운반구 구입비, 사무집기 및 비품 구입비, 가맹비, 인테리어비용, 기타 회사 설립 비용 등을 예로 들 수 있다.

유무형의 고정자산이나 기타 자산을 매입하는데 필요한 자금으로 차후에 대차대조표를 만들게 되면 일정한 감가상각을 제외한 뒤 회사의 자산 가치로 남게 되는 자금이다. 대부분 기업 외부로부터 매입하는 것이기 때문에 예상 매입처와 계약서나 견적서를 바탕으로 하여 금액을 산출하는 것이 바람직하다.

(2) 운전자금

창업 기업을 운영하는 시간에 따라, 생산이나 판매 등 기업 활동량에 따라 발생하는 가변적이고 비고정적인 경비를 말한다. 인건비, 재료비, 복리후생비, 임차료, 관리비, 광고선전비, 외주 가공비, 운반비, 교통비, 세금과 공과, 소모품비 등을 예로 들 수 있다.

회사의 매출에 의한 이익으로 운전자금에 충당되는 비용을 안정적으로 확보할 수 있을 때까지의 예상 소요 기간을 고려하여 그 때까지 필요한 운전자금을 확보할 수 있는 계획을 세워야 하다.

(3) 예비자금

자금 계획 시에 미처 고려하지 못한 비용 항목이 발생할 수 있기 때문에 시설자금이나 운영자금 각각 그 금액의 10~20% 금액을 예비자금으로 확보하여야 한다.[14]

3. 창업 자금의 조달

창업에 필요한 자금의 조달 방법은 창업자 자신의 현금이나 현물로 구성된 자기 자금을 활용하는 방법과 외부에서 조달하는 차입금인 타인 자금을 활용하는 방법으로 구분할 수 있다.

(1) 자기 자금

자기 자금은 창업자 자신의 자금과 투자자로부터 유치한 투자자 자금으로 구분할 수 있다. 창업자 자금은 현금, 예금, 유가증권 등 현금 출자와 부동산(공장, 사무실), 동산(차량, 설비, 차량, 집기 등) 등 현물 출자로 나눌 수 있다. 투자자 자금은 동업자의 출자금, 주주의 출자금, 전문 투자기관의 투자금을 말한다.

(2) 타인 자금

타인 자금은 정책 자금, 일반금융, 사금융으로 구분할 수 있다. 정책 자금은 정부, 지자체, 기타 공적 기관 등이 공적 목적으로 창업 기업을 지원하는 자금으로 보조금(고용지원금, 일자리 안정자금), 출연금(R&D 비용: 개발비, 시제품, 테스트), 융자금(저금리 장기 상환)으로 구분할 수 있다. 일반 금융은 은행, 보험사, 리스, 신용금고 등 일반 민간 금융기관이 대출해 주는 자금이다. 사금융은 가족, 친척, 지인 등으로부터 차입하는 사적 자금을 말한다.

---

14 장경수, 2019, 관광창업론, pp.8-12.

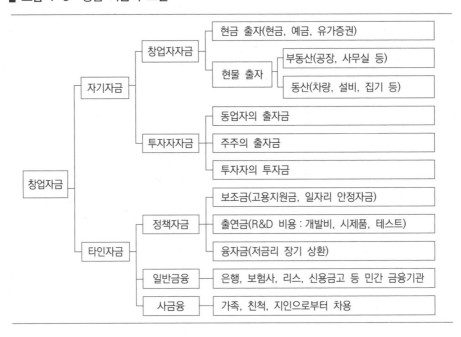

4. 창업 자금 계획

성공적인 창업을 위해서는 창업 과정에서 필요한 소요 자금의 항목과 규모, 필요 시점 및 필요 기간이 얼마인지를 정확하게 파악하고, 이를 조달할 수 있는 계획을 수립해야 하고, 자금 조달 계획을 기초로 자금의 차입 현황을 분석, 관리하고, 차입 금액의 상환 계획(상환 시기와 규모)을 수립하는 것이 제일 중요하다.

자금 조달에는 그에 대한 이자비용이 발생하거나, 지분이나 배당 지급 등으로 경영권에 대한 제한을 감수해야 한다. 따라서 조달해야 할 자금의 규모와 시기, 조달 비용을 고려하여 안정적인 창업 자금 계획을 세워야 한다. 그리고 사업 종류, 규모, 신용도에 따라 조달 비용과 조달 규모가 달라질 수 있다는 점도 고려해야 한다. 특히, 기술 창업과 융합되지 않은 순수한 무역 창업 분야는 자금 조달에 제한이 많을 수 있다.

자금 여력이 충분하지 않은 창업 기업들은 경기 변동과 시장 전망, 창업 기업의 성장주기 등을 고려하여 각종 정책 자금(R&D자금, 무역 관련 자금, 청년 창업, 여성 창업, 창업 재도전 등)을 잘 활용하고, 기술과 융합된 무역 창업인 경우 각종 전문 투자자(엔젤, 엑셀러레이터, 벤처캐피탈 등)나 클라우드 펀딩 등의 방법을 활용하는 것도 검토해 볼 수 있다.

소요 자금 분석표

구분	항목	상세 내역	소요 자금	비고
시설 자금	사무실 임대 보증금	70만 원 / 월 × 12개월	840만원	
	차량 리스 계약 보증금	중형 승용차 1대	1,000만원	
	컴퓨터 및 사무집기	사무용 컴퓨터 등(3인)	460만원	
	소계		2,300만원	
운전 자금	인건비	1,000만 원 / 월 × 12개월	12,000만원	최초 1년 운전 자금
	샘플 구매 비용	30만 원 × 12회	360만원	
	마케팅 비용		1,000만원	
	차량 리스비	30만 원 × 12회	360만원	
	4대 보험 및 복리후생비	250만 원 / 월 × 12개월	3,000만원	
	예비비	200만 원 / 월 × 12개월	2,400만원	
	소계		19,120만원	
총계			21,420만원	

자금 조달 및 상환 계획표

항목	조달 방법	조달 금액	소요 시기	상환 시기
자기 자금	창업자 자금	6,420만원	2021. 01.	
	현물 출자금	–		
	투자자 출자	10,000만원	2021. 03.	
타인 자금	정부 정책 자금 / 창업지원	3,000만원	2021. 07.	2023. 06.
	은행 대출 / 일반 신용대출	2,000만원	2021. 10.	2022. 10.
총계		21,420만원		

1. 팀 빌딩의 중요성

1인 소호 창업의 규모를 지속하는 것이 목표가 아니면, 창업 기업은 반드시 인재를 영입해야 한다. 창업 초기부터 합류하여 회사의 성장과 함께 그 성장의 결실을 stock option등의 형태로 공유할 공동 창업자는 스타트업이 성공 여부에 결정적인 영향을 미친다. 대부분의 글로벌 스타트업들이 기업 성장과 발전에 필요한 핵심 역량을 보유한 공동창업자와 함께 시작한 예를 볼 수 있다.

팀 빌딩은 창업 기업의 평가와도 직결된다. 정부 정책 자금 신청, 일반 금융기관 융자, 벤처 자금 투자 유치 등 창업 기업의 사업을 평가할 때, 실적이 없는 상태에서 팀을 구성하고 있는 창업 멤버들의 역량으로 초기 창업 기업의 성공 가능성을 간접 평가하기 때문이다.

2. 팀 빌딩 전략

창업자는 공동 창업자를 구성할 때, 자기가 보유하지 못한 역량을 가진 사람, 자기보다 역량이 우월한 사람을 선택해야 한다. 창업자가 기술을 보유한 사람이면, 일반 경영이나, 마케팅 전문가를 선택해야 하고, 창업 아이디어나 일반 경영 능력만 보유한 사람이면 기술 역량을 가진 사람을 선택해야 한다.

그리고, 창업 멤버는 단순히 한 분야의 전문적 지식뿐만 아니라, 해당 분야에 대한 거시적 안목과 의사결정 능력을 갖추고 있어야 한다.

창업자는 팀을 구성하기 전에 사업 운영에 필요한 각각의 역할과 책임을 설정한 뒤 팀 빌딩을 실행해야 직무에 대한 몰입을 유인할 수 있고, 공동의 목표를 효과적으로 수행할 수 있다.

3. 팀 빌딩 실행 방법

창업 초기 기업의 많은 업무를 각자의 전문성을 최대한 발휘하여 시너지 효과를 거두기 위해서는 팀워크가 가장 중요하다. 이를 위해서 팀 빌딩은 창업자가 직접 발굴하거나, 추천이나 소개를 통해 1차 검증된 사람을 선택하는 것이 좋다. 인재 채용 사이트나 헤드 헌팅 등 전문 기업의 서비스를 활용할 수도 있다.

| 사례 연구 | 유니콘 기업의 공동창업 사례

스타트업을 거쳐 세계적인 기업이 된 성공 신화 이면에 팀 빌딩이 중요한 요소로 작용한 사례들을 연구해 보자. 구글의 래리 페이지와 세르게이 브린, 애플의 스티브 잡스와 스티브 워즈니악, 페이스북의 마크 저커버그와 윙클보스 형제, 에어비앤비의 브라이언 체스키, 조 게비아, 네이선 블레차르지크, 우버의 트레비스 칼라닉과 개럿 캠프 등 세계적인 스타트업들이 공동창업을 하고 있다.

자료 : https://platum.kr/archives/75626

| 수행 과제 | 사업계획서 작성과 비즈니스 모델 수립

무역 기업 창업을 준비하는 과정에서 제일 중요한 활동은 사업계획서 작성과 비즈니스 모델을 수립하는 것이다. 사업의 실패 가능성을 줄이고 미래의 비전을 제시하기 위해서 반드시 필요하다.

제 2 장
회사 설립

제2장 | 회사 설립

제1절 | 창업 공간

　창업 기업은 제일 먼저 창업할 공간, 즉 사업장(본사, 공장 등)을 정해야 한다. 1인 소호 창업인 경우에는 별도의 공간을 확보하지 않고, 자가를 주소지로 쓸 수 있다. 그리고 인원의 증가에 따라 공유 오피스나 정부지원 창업공간에 입주할 수도 있다. 정부의 창업 지원센터는 정부 부처, 지자체, 공공기관 등 운영기관 별로 다양하다. 대학이나 민간단체가 운영하는 산학협력센터도 있다. 창업 기업의 상황, 아이템의 특성, 향후 회사 운영 계획 등을 고려하여 사업장 소재지를 결정하여야 한다.

　무역창업 기업은 창업자의 개인적 상황이나, 비용과 입지 등을 고려하여 창업 공간을 선정해야 한다. 창업 아이템에 따라 국내외의 파트너나 바이어의 방문이 예상되는 경우, 방문이나 미팅 장소를 확보해야 하고, 교통이 편리한 곳을 선정하는 것이 좋다.

1. 회사 설립의 의의

회사 설립은 공식적으로 창업을 시작하는 출발점이다. 회사가 영업을 시작하면 대외적으로 다른 회사와의 거래관계에 대해 책임이 발생하게 되고, 영업 성과에 대해 관련 세금 등 부담해야 하는 의무도 생긴다. 이와 관련하여 창업 시 제일 먼저 회사를 개인 기업 형태로 설립할 것인지 법인 기업 형태로 설립할 것인지를 선택하게 된다.

개인 기업은 기업 활동에 관한 권리와 의무가 대표자 개인에게 귀속되며, 기업 활동의 결과에 대해 대표자 개인이 무한책임을 진다. 법인 기업은 기업이 소유자와 독립된 법인격을 갖고 스스로 권리와 의무의 주체가 되므로, 기업의 대표자는 기업 활동의 결과에 대해 출자 지분 범위 내에서 유한책임을 진다.

개인 기업은 기업 이윤 전체를 기업주가 독점하므로 대표자의 급여를 비용으로 인정하지 않는다. 의사결정이 자유롭고, 대표자가 변경되는 경우 폐업하고 신규로 사업자등록을 해야 하므로 기업의 계속성이 단절된다. 법인 기업은 기업 이윤 배분을 정관에 따라 처리하고, 대표이사도 법인으로부터 급여를 받는다. 의사결정은 주주총회나 이사회 등 의결기관이 하고, 대표이사가 변경되어도 기업의 계속성이 유지된다.[15]

개인 기업의 대표자가 부담해야 하는 종합소득세율(6~42%) 보다 법인 기업의 소득에 대한 법인세율(10~25%)이 낮지만, 법인 기업은 설립, 운영, 폐업 등에서 개인 기업 보다 까다롭고, 법적 관리 기준이 높다. 따라서 1인 창업이나 사업

---

15 김성훈, 무역창업 가이드, 2016, pp.38-40.

초기에는 개인 기업으로 시작해서 매출 등 기업의 경영이 어느 정도 수준 이상이 되면 법인으로 전환하는 것이 보통이다. 법인 전환의 여부와 실행 시기 문제는 대표자 개인적 판단이나 내부적 의사결정에 따르기보다 회계사, 세무사 등 경영 전문가의 조언을 통해 결정하는 것이 좋다.

2. 개인 기업 설립

무역 창업 기업이 개인 기업 형태로 설립을 하려면 별도의 절차 없이 사업장 관할 세무서 혹은 국세청 홈택스에서 사업자등록을 신청하면 된다.

사업자 등록 신청 시에 업종 코드, 업태, 종목을 선택하여 기입하게 된다. 이런 관리 체계는 조세 정책적 필요에 의해 모든 사업자의 업종을 코드화한 것으로 업종, 업태, 종목에 따라 세금 결정의 기준, 경비율 적용이 달라질 수 있으므로 신중하게 선택해야 한다. 무역업의 경우 보통 아래와 같이 선택한다. 선택 한 후에 홈택스나 관할 세무서 방문 신청으로 추가, 정정 등의 변경 신청이 가능하다.

업종 코드 : 519112 / 업태 : 도매 및 상품중개업 / 종목 : 도매, 산업용재화무역업
업종 코드 : 519113 / 업태 : 도매 및 상품중개업 / 종목 : 도매, 기타무역업
업종 코드 : 749927 / 업태 : 도매 및 상품중개업 / 종목 : 오퍼상

〈국세청 홈택스에서 개인사업자를 등록 방법〉
① 국세청 홈택스 접속하기
② 신청/제출 카테고리 클릭
③ 사업자등록신청(개인) 클릭
④ 필수 정보 입력하기(빨간색표시)
⑤ 업종 선택하기
⑥ 사업자 유형 선택하기(일반/간이/면세) : 일반으로 선택

<개인사업자 등록 필요 서류>

- 사업자등록 신청서
- 대표자 신분증(운전면허증 및 주민등록증)
- 임대차 계약서 사본(해당 시)
- 자금 출처 명세서
- 사업인허가증 사본(해당 시)
- 동업계약서(공동사업의 경우)

3. 법인 기업 설립

주식회사 형태의 법인 기업으로 설립을 하려면 먼저 사업장 소재지 관할 지방법원(등기소)에 회사 설립등기를 신청 한다. 대법원 전자등기 사이트에서 온라인 상으로 신청할 수도 있다. 회사 설립등기를 위해서는 회사의 명칭(한글, 영문), 자본금, 주소, 주주에 관한 사항을 결정하고, 정관을 작성한 후 설립신고에 필요한 서류를 준비해야 한다. 다소 절차가 번거롭고, 준비할 서류 등이 많으며, 사업의 방향에 맞는 서류 작성을 위해서는 최초 법인설립 등기는 전문가(법무법인, 법무사 등)의 도움을 받는 것이 좋다.

법인 설립 등기를 마친 후 앞서 설명한 대로 사업자등록을 신청하면 된다. 법인 기업의 사업자등록 신청에 필요한 서류는 법인 정관, 법인등기부 등본, 주주 명부 및 주주 출자확인서, 임대차 계약서 사본 등이다.

법률로 정한 수도권 등 과밀억제권역에 법인의 본점 주소지를 설정할 경우, 등록세 등의 납부 시에 추가적인 비용이 발생할 수 있다.

1. 무역업고유번호 발급

수출입 거래가 질서 있고 효율적으로 이루어질 수 있도록 산업통상자원부가 무역업자에게 부여하는 번호를 무역업고유번호라고 한다.[16] 사업자 등록증을 보유한 개인 또는 법인은 한국무역협회 본부·지부를 방문하거나 무역협회 홈페이지(www.kita.net)에서 신청하면 즉시 부여 받을 수 있다.

제출서류는 무역업고유번호신청서 1부, 사업자등록증 원본, 신분증(내방자 : 명함 또는 위임장), 주민등록증 앞면 사본(대표자, 내방자) 등이다.

무역업고유번호를 부여받은 자가 상호, 대표자, 주소, 전화번호 등의 변동사항이 발생한 경우에는 변동사항이 발생한 날부터 20일 이내에 한국무역협회장에게 알리거나 한국무역협회에서 운영하고 있는 무역업 데이터베이스에 변동사항을 수정 입력하거나,[17] 무역업고유번호신청사항 변경통보서를 한국무역협회에 제출하면 된다.[18]

2. 통신판매업 신고

e-커머스(전자상거래)를 통한 무역을 준비하는 창업자는 수입 물품을 국내 인터넷 쇼핑몰에서 판매할 수 있다. 이 경우 통신판매업 신고를 하여야 한다.

---

16 「대외무역법 시행령」 제21조제1항.
17 「대외무역관리규정」 제24조제3항.
18 「대외무역관리규정」 제24조제3항 및 별지 제2호서식.

인터넷쇼핑몰은 비대면으로 상품의 정보를 제공하고 소비자의 청약에 의해 상품을 판매하는 통신판매업에 해당되므로, 사업장 소재지를 관할하는 시·군·구청에 통신판매업신고[19]를 해야 한다.

또한 인터넷쇼핑몰은 전기통신역무를 이용하는 부가통신사업에 해당하므로, 인터넷쇼핑몰 창업자 중 자본금이 1억 원 이상인 사람은 정부24 (http://www.gov.kr)나 방송통신위원회(http://www.kcc.go.kr) 인터넷홈페이지 전자민원창구를 통해 부가통신사업자 신고를 해야 한다.

3. 은행계좌 개설

개인 기업의 경우 회사명이 포함된 사업용 은행계좌를 만들 수 있으며, 세무 회계 기장 처리를 위해서 회사 업무가 아닌 사적 용도의 입출금과 구분하면 좋다. 법인 기업은 법인 명의로 사업자 은행계좌를 개설해야 한다.

무역 창업자는 외환 거래가 있으므로 반드시 외환계좌도 개설해야 한다. 개설 시에 주요 통화(달러화, 유로화, 엔화, 위엔화)를 모두 사용할 수 있도록 신청하면 편리하다. 인터넷 뱅킹 신청과 회사 경비 사용을 위한 신용 카드도 같이 신청하면 좋다.

4. 세무기장 및 세금계산서 발행 준비

개인 기업의 경우 창업 초기에는 거래가 많지 않으므로 창업자가 직접 세무 신고를 할 수 있으나, 거래가 많아지거나, 법인 기업으로 전환한 후에는 복식

---

19 정부24 홈페이지(http://www.gov.kr)를 통해 전자문서로도 신고 가능.

부기로 세무 회계 장부를 기장하고, 국세청 신고를 해야 하므로 전문가(회계사, 세무사 등)에게 기장을 의뢰하는 것이 좋다.

국세청은 기업이 신고한 부가가치세를 기준으로 해당 기업의 매입과 매출을 파악하고 세금을 부과한다. 그러므로 창업 기업이 부가가치세를 신고하고, 관리하기 위해서 모든 매입거래는 매입처로부터 매입세금계산서를 발급 받아야 하고, 매출 거래처(고객)에게 매출 전자세금계산서를 발행해 주어야 한다.

기업은 각종 ERP(Enterprise Resource Planning, 전사적자원관리시스템)나, 유료 회계 프로그램을 사용해서 전자세금계산서를 발행 할 수 있다. 창업 초기 기업은 무료 프로그램인 이세로(국세청 홈텍스)를 사용하면 비용을 절감할 수 있다.

그리고 창업일(사업자등록 일자) 전 30일 이내에 지출한 창업비용은 창업 이후의 비용으로 처리하여 세무 신고를 할 수 있다. 창업을 위해 지출하거나, 비품, 사무용 소모품 등을 구매할 때에는 사업자등록 일자를 기준으로 30일 전 이내의 기간을 고려하여 구매하고, 지출한 비용에 대한 세금계산서나 영수증 등 각종 증빙서류를 정리하여 두어야 한다. 창업 초기에 비용 발생하는 부분이 많으므로 꼭 잘 챙겨 두어야 한다.

5. 운송, 통관 및 관세 업무 위임

무역 창업 후 실제 거래가 발생하면 수출입 화물의 국제 운송이 이루어지고, 세관에 수출과 수입 신고를 하게 된다. 이런 업무는 수출입 화물의 운송 주선을 업으로 하는 운송주선인(freight forwarder)과 통관 및 관세 업무를 대행해 주는 관세사에게 업무를 위임하게 된다. 특별히 납기가 급한 운송은 DHL이나 Fedex와 같은 특송 업체에 업무를 위임한다. 국내 배송(택배)도 필요한 경우가 있다.

사전에 유사한 업체들의 견적과 서비스를 검토해 보고, 신뢰할 만한 업체를 선정하여 가급적 장기적으로 거래를 유지하는 것이 비용 면에서나 서비스의 질적인 면에서 도움이 될 수 있다.

6. 기타 준비

　회사 홈페이지가 필요한 경우 홈페이지를 제작하고, 이메일 계정을 설정하고 명함을 제작한다. 회사의 홍보와 신뢰성을 높여 줄 수 있는 수단이므로 홈페이지와 명함 제작에는 내용과 디자인적인 면에서 신경을 써야 한다.

제4절 | 무역 창업지원

1. 중소기업 지원 정책

정부 및 각 공공기관의 업무 소관에 따라 중소기업 지원 정책은 다양하다. 가장 대표적인 사이트가 중소벤처기업부의 중소벤처 24 (https://www.smes.go.kr/index)이다. 지원 정책은 사업 유형별로 금융, 기술, 인력, 수출, 내수, 창업, 경영, 소상공인 등으로 구분되어 있다.

지원기관은 중소벤처기업진흥공단, 중소기업기술정보진흥원, 중소기업유통센터, 창업진흥원, 소상공인시장진흥공단, 기술보증기금, 지역신용보증재단, 대중소기업농어업협력재단, 여성기업종합지원센터, 장애인기업종합지원센터, 한국산업기술진흥원, 신용보증기금, 각 지방자치단체 대한상공회의소 등을 들 수 있다. 창업 단계에서부터 기업의 성장 단계별 정부 지원 정책과 정책 자금을 잘 활용할 수 있도록 해당 기관의 홈페이지를 잘 검토하고, 방문 상담을 받도록 한다.

2. 무역 창업지원

(1) 한국무역협회(www.kita.net)

한국무역협회에서는 무역업고유번호 발급, 분야별 전문가 자문, 수출의 탑 포상, 무역진흥자금, 수출바우처사업, 수출입실적증명, 무역인재채용 등의 사업을 지원한다.

그밖에도 각종 세계시장정보, 통상 정보, 무역 통계 제공, 무역 교육 프로그램 운영한다. 협회 회원 가입한 기업은 몇 가지 추가적인 서비스를 제공받을 수 있으나, 유로 가입으로 회비를 납부해야 하기 때문에 창업 기업인 경우 경비 절감을 위해 나중에 필요할 때에 가입하는 것이 좋다.

(2) KOTRA(대한무역진흥공사)

KOTRA는 무역진흥과 국내외 기업 간의 투자 및 산업기술 협력의 지원 등에 관한 업무를 수행한다. 현재는 전 세계 84개국 127개 무역관을 운영하며 기업들의 해외 비즈니스와 무역을 위한 인프라 역할을 수행하고 있다.

국내 기업을 위한 해외시장 개척, 전략산업 해외마케팅 및 맞춤형 수출지원 활동을 하며, 해외진출 지원 및 정보 수집 및 전파, 국내 기업 해외투자 및 프로젝트 진출을 지원한다. 무역 전문 인력 양성 사업도 수행한다.

(3) K-sure(한국무역보험공사)

K-sure는 해외 바이어의 계약 파기, 파산, 대금지급 지연 또는 거절, 국내 기업이 수입 시 선수금 지급 등 수출 거래에 따르는 위험에 대비하기 위한 정책보험으로 무역을 지원하는 기관이다. 거래 대금이 큰 경우 거래 전 보험가입을 검토해 볼 필요가 있다.

수행 과제   무역 기업 설립하기

지금까지 설명한 회사 설립의 절차를 따라 차례로 무역 회사를 창업해 보자.
실제 수행하는 과정에서 보다 세부적인 준비가 필요한 사항이 많을 것이다.
회사 설립을 통해 이제 무역의 세계에 첫발을 내디딘 것이다.

제3장
아이템 선정

제3장 아이템 선정

제1절 아이템 선정의 중요성

1. 의의

무역 창업자가 가장 먼저 해야 할 일이 창업 아이템 선정이다. 남들과 다른 참신한 아이템을 가지고 창업하는 것이 사업을 성공할 수 있는 첫걸음이다. 희망하는 아이템 선정에 대해 충분한 탐색과 충분한 시장조사와 구체적인 사업정보를 수집해 성공가능성을 측정해 보아야만 한다.[20]

무역업은 국제간 제품이나 서비스의 공급자와 구매자 사이의 연결 활동이다. 공급자와 구매자 사이의 매개 활동인 무역 아이템 선정은 창업 할 때부터 시작해서 무역업이 끝날 때까지 계속해야 되는 가장 기본적인 활동이다. 그러므로 하나의 아이템으로 수익을 유지하고 있는 동안도 끊임없이 다음 아이템에 대한 탐색을 계속해야 한다.

---

[20] 한상무역포럼 트레이드킹 웹사이트, http://www.tradeking.co.kr/.

2. 아이템 탐색

특정 아이템으로 무역 거래에서 성공 가능성이 있는지를 검토하는 과정을 아이템 탐색이라고 한다. 창업을 희망하는 아이템에 대한 정보를 수집 분석하고, 경쟁 품목과의 비교를 통해 아이템 선정의 기본 자료를 확보하는 절차이다.

기술 관련 제품의 경우 해당 관련 기술, 국내외 동종 제품의 수준을 명확히 파악하고, 기술이나 제품의 발전 방향, 수요의 방향 예측 등이 무역 아이템을 선정하는데 매우 중요한 출발점이 된다. 창업자가 관련 기술, 제품에 관한 상세한 정보가 없는 경우에는 유사 분야 또는 관련 분야에 종사하고 있는 사람들의 기술 동향 내지 수요 예측 등에 대한 객관적인 정보가 큰 도움이 된다.

중소 무역 창업 기업은 기업 규모나 역량 면에서 관련 정보 수집이나 객관적 자료 분석에 한계가 있다. 무역정책 기관들의 무역 통계나 자료, 시장 동향, 제품의 수요 등의 정보를 활용하여 이를 보완해야 한다.[21] 무역협회, KOTRA 등의 유관기관 웹사이트 검색을 통해 해외 시장정보와 아이디어를 얻을 수 있다.

한편, 수입의 경우 국내 시장의 동향이나 유통에 관련된 자료는 국내 산업 통계나 유통 및 마케팅 전문 기관의 자료를 활용하고, 인터넷 무역의 경우는 국내외 온라인 전자상거래 사이트에서 트랜드를 파악해야 한다.

보다 적극적으로 해외 박람회를 직접 참관하며 아이디어 제품이나 신기술을 발견할 수 있다. 해외 방문 시 현지 시장이나 전문상가를 방문하여 직접 바이어를 발굴하거나, 국내에 없는 제품이나 서비스를 발견할 수도 있다.

---

21 김형길, 정구도 2012, pp.116-118.

3. 탐색 절차

아이템 선정에는 우선 제품에 관한 지식을 갖추고 있어야 하므로 다음과 같은 순서를 따르는 것이 바람직하다.[22]
① 무역하고자 하는 업종에 대한 정보수집,
② 기존기업, 체험자 또는 종사자의 면담,
③ 아이템에 대한 구체적 정보수집 및 정밀 분석을 하고 난 후,
④ 타당성 분석(각종 통계자료를 통한 발전성 여부 등)
⑤ 최적 아이템 선정

국내 시장은 물론 해외 시장의 아이템 탐색의 원천은 많다. 인터넷, 서적, 기타 대중 매체나 전문 기관의 웹사이트, 해외 온라인 오픈몰, 각종 무역 및 경제단체, 외국 대사관 및 상공회의소, 무역대표부 등 검토해야 할 원천 정보 소스는 다양하다. 다양한 정보 제공의 경로 중 해당 무역 창업기업이 필요한 정보 제공 원천 기관이나 경로를 선택해 사전에 설계해 두고, 주기적인 방문과 탐색 활동을 하면 효율적이다.

---

22 한상무역포럼 트레이드킹 웹사이트, http://www.tradeking.co.kr/.

제2절 | 아이템 선정 원칙

1. 시장성

어떤 제품이나 서비스 무역으로 성공하려면 해당 시장에서의 수요를 유발할 수 있는 매력이 있어야 한다. 수요 유발 요인으로는 새로운 아이디어나 기술에 의한 신제품이거나, 가격, 품질, 기능 등의 면에서 기존 제품과 차별화된 경쟁 우위성이 있거나, 시대 흐름이나 트렌드에 맞는 시의 적절성 등을 들 수 있다.

무역 창업가는 자기만의 무역 아이템 탐색을 위한 경로를 정해 놓고, 주기적으로 써칭 작업을 하며 시장 수요의 변화를 판단하는 능력을 길러야 한다. 또한 시장에서 성공한 아이템의 성공 요인을 나름대로 분석해 보고, 아이템 탐색의 직관력을 높여야 한다.

2. 수익성

선정 아이템을 시장에서 판매할 경우 예상 판매가격에서 해당 제품의 원가를 계산해 보고, 목표로 한 수익률이 실현 가능한 지를 검토해야 한다.

소비자가 지불할 용의가 있는 예상 판매가격은 경쟁 제품 혹은 유사한 제품의 시장 가격을 검토하여 결정할 수 있다. 제품의 원가는 공급사 혹은 제조사로부터 공급 받을 수 있는 원가, 운송 비용, 통관 비용, 각종 수수료, 제세공과금, 인증 비용, 기타 예비비 등을 정확히 분석해야 한다.

3. 성장성

선정한 아이템으로 가능한 장기적으로 수익을 유지하기 위해서는 특정 제품이나 서비스가 성장성이 있는 제품인지를 판단할 필요가 있다. 일시적으로 유행 아이템인지, 상당 기간 성장할 아이템인지를 판단하는 것은 많은 경험과 전문적인 직관력을 요한다.

기본적으로 해당 제품이나 서비스가 속한 산업의 발달 단계가 성장기, 성숙기, 쇠퇴기 중 어디에 해당하는지를 판단해야 한다. 쇠퇴기에 있는 사양 산업의 아이템을 선정하면 수익을 유지할 수 있는 기간이 얼마 남지 않았다는 의미일 것이다.

또한 해당 제품이나 서비스의 수명주기가 짧은 것은 그 후속 모델이나 신제품 개발 주기가 짧기 때문에 선택한 아이템으로 본격적인 수익을 거두기도 전에 신규 제품이 나올 수 있다.

1. 아이템 분석

무역 창업 기업이 탐색한 아이템 중 성공 가능성을 객관적이고, 정확히 분석하기는 쉽지 않다. 앞서 설명한 아이템 선정 원칙에 따라 시장성, 수익성, 성장성을 판단한 뒤 주변 전문가들과의 상담과 조언을 거쳐 최종 판단하는 것이 좋다.

2. 아이템 선정 시 고려할 사항

아이템 탐색, 분석과 선정을 하는 과정에서 고려해야 할 사항들은 다음과 같다.

(1) 창업자의 지식과 경험

무역 창업자의 지식, 기술, 경험이 많은 분야에서 아이템을 선정하는 것이 성공의 확률이 높다. 특히 이전 직업이나 직장과 연관된 분야의 아이템에 대해서는 관련 산업과 시장의 상황을 판단할 수 있고, 해당 제품이나 서비스의 향후 시장에서의 성공 가능성에 대해서도 쉽게 예측이 가능하다.

창업자가 취미가 있거나 관심이 있는 분야라면, 일반인 보다 그 분야에 더 많은 지식과 노하우를 가지고 있을 수 있다. 이것은 산업이나 시장 선택 단계에서도 중요하다. 취미나 기호품에 대한 산업이나 시장은 꾸준하고 안정적인 수요를 창출할 수 있기 때문이다.

(2) 트렌드와 창의적 발상

무역 창업 아이템을 선택할 때 고려해야 할 사항은 가치의 스펙트럼이다. 가장 변하지 않을 근본적 가치에서부터 최첨단의 유행과 트렌드의 다양한 가치의 스펙트럼 중 창업자가 주목해야 할 부분은 어디인지를 먼저 생각해 보아야 한다.

누구나 피할 수 없는 의식주의 선택, 부모의 자식 사랑, 여성의 아름다움에 대한 추구 등 시간과 공간이 바뀌어도 근본적으로 변하지 않는 가치와 관련된 상품과 서비스 시장은 안정을 추구하는 창업 기업이 주목할 분야이다.

그리고 창의적인 발상, 다시 말해 뒤집어 생각해 보기가 필요하다. 창업 기업이 다른 기업과의 차별화를 추구할 수 있는 방법이다. 기존의 제품에서 한, 두 가지 가치를 빼거나, 전혀 다른 분야의 특성과 가치를 융합한 제품과 서비스를 개발하거나, 그러한 가치를 지역이나 국가를 넘어 다른 지역이나 국가로 수출하거나, 수입할 때 무역업의 진가를 발휘할 수 있다.

(3) 창업자의 조건과 역량

아이템을 선정할 때 가장 기본적으로 고려해야 할 사항 중 하나가 창업자의 조건과 역량이다. 객관적으로 성공 가능성이 많고, 시장성, 수익성, 성장성이 높은 아이템을 발굴해도 창업 회사의 조건이나 창업자의 개인적 역량을 넘어 사업을 진행할 수 없는 것이다. 창업 회사의 운영 자금과 인적 자원이 많이 필요하거나, 창업자의 경험이나 기술을 요하는 아이템의 경우에는 아이템 선택의 한계가 있을 수 있다.

(4) 샘플 거래에 의한 시장 테스트

창업자가 무역업에 대한 경험이 없거나, 창업 초기에는 소량 샘플 거래로 시장의 반응을 테스트한 뒤 점차적으로 거래량을 늘리는 것이 바람직하다.

특히, 불특정 다수의 잠재 고객을 상대로 판매를 하는 이커머스(전자상거래)에서는 재고를 최소화하는 방법이기도 하다. 재고 없이 빠른 수익의 회전으로 운영 자금의 부담을 덜 수 있다.

(5) 법 제도적 제한 사항

아이템에 따라 수출입 절차상으로 허가나 승인을 받아야 하는 품목이 있다. 테러 등의 보안 문제로 특정 국가에 대한 수출 규제가 있는 품목이 있고, 식품, 의약품, 화장품 등의 제품은 식약청의 인증을 받아야 한다. 전기, 전자, 통신 제품은 전자파 인증을 받아야 한다.

이러한 허가나 승인, 인증 등을 받기 위해서는 각종 기술 자료와 근거 서류를 제출해야 하고, 비용과 시간이 소요된다. 아이템을 확정하기 전에 반드시 이런 규제적 요소들에 대한 검토를 해야 한다.

(6) 해외 현지의 사회문화적 차이

무역 아이템을 확정하기 전에 해외 현지의 사회문화적 차이도 고려해야 한다. 아무리 좋은 아이템이라고 해도 종교적, 문화적 관습이나 지역적 특성으로 인해 현지에서 선호되지 않는 아이템이 있을 수 있다.

무역 창업 기업은 직접 현지 조사를 통해 사회문화적 차이를 검토하기가 어렵다. 수출 아이템을 선정할 시에는 현지 대사관, KOTRA나 무역협회 등 전문기관의 자문을 통해 이를 검증할 필요가 있다.

(7) 기타 사항

무한경쟁으로 이윤의 폭이 적은 아이템, 납기 및 판매 소요 기간이 길어 수익 회전이 길어지는 아이템, 일시적 계절적 수요가 강한 아이템은 창업 기업의 여건을 고려하여 가급적 회피하는 것이 좋다.

아이템의 수요가 디자인이나 색상에 따라 민감한 제품, 종류나 사이즈가 많은 제품 등은 특정 디자인, 색상, 종류, 사이즈에 수요가 집중될 경우, 재고 가 많이 발생하고 투자 자금 회수가 문제될 수도 있다.

이커머스(전자상거래)로 취급할 아이템은 가볍고, 부피가 작고, 포장이 편리, 유통기한 긴 것, 공급하는 납기가 짧은 품목이 유리하다.

| 사례 연구 | 아이템 발굴 10계명

1. 자기 관심 분야, 좋아하는 분야에 집중하라. 관심 분야나 좋아하는 분야는 다른 사람보다 더 많은 정보와 경험이 있으므로 경쟁사보다 유리한 고지 에 있다.

2. 관련 아이템으로 시야를 확장하라. 하나의 성공적인 아이템을 발굴하였다면 그 아이템과 연관된 주변 아이템으로 관심을 넓히고, 종류를 늘려 나가면 좋다.

3. 자기만의 아이템 발굴 소스를 찾아라. 아이템을 발굴할 수 있는 정보원은 많다. 현재 유행 아이템, 인기 있는 아이템, 아이디어 상품 등의 검색어로 인터넷 국내외 사이트를 정기 검색하기를 권한다.

4. 시대 변화와 트렌드에 관심을 가져라. 시의 적절성이 중요하다. 너무 앞서 가는 아이템은 시장이 충분히 형성되지 않는다. 이미 남들의 관심이 집중된 아이템은 경쟁이 치열하다. 시의 적절한 아이템이라고 판단하면 빠른 실행만 이 성공을 보장한다.

5. 아이템/아이디어 발굴은 생활 속에 있다. 생활 주변의 아이템에 대해 "사람들이 왜 이 아이템을 사용할까?"를 생각해 보라. 그리고 다른 아이템에 대해서도 그 원리를 적용해 볼 필요가 있다.

6. 더하기, 빼기, 확장, 축소를 고민해 보라. 아이템/아이디어를 발굴하거나 창출하기 위해서는 동일 제품에 대해서 혹은 전혀 이질적인 다른 제품과의 기술, 기능, 디자인, 서비스, 색상 등 아이템 구성 요소를 변형해 보면 전혀 새로운 제품이 될 수 있다. 융합, 창의적으로 발상 전환이 필요하다.

7. 아이템 발굴에만 집중하지 말고 시장성과 수익성도 주목하라. 아무리 좋은 아이템도 시장성과 수익성이 없으면 사업 아이템으로 채택할 수 없다. 서두르지 말고 앞서 설명한 아이템 선정의 원칙과 절차에 따라 아이템을 선정해야 한다.

8. 사업 성공 사례를 수집하고 분석해 보라. 성공에는 반드시 그 이유가 있다. 많은 성공 사례를 분석해 보면 공통점이 있을 것이다. 그 성공 요소를 벤치마킹하여 자기 것으로 만들 것을 권한다.

9. 대박을 추구하지 마라. 작지만 실속 있는 아이템과 틈새시장을 노리는 것이 성공 가능성이 높다. 남들이 관심을 가지지 않는 곳에 기회가 있다.

10. 상품과 사람(수요자)을 잇는 실제 시장에서 배워라. 상상 속의 아이디어를 현장에서 적용하고 검증해야 한다. 다양한 상품과 수요자와 공급자, 실재 거래가 이루어지는 모습 속에 가장 현실적인 솔루션이 있다.

수행 과제   무역 아이템 선정(수출, 수입)

무역 창업 기업이 선택할 수 있는 3가지 이상의 아이템을 선정해 보자. 아이템 선정 원칙과 절차에 따라 그 아이템을 선정한 결과를 스스로 평가해 보자.

제4장

시장조사

제4장 시장조사

제1절 │ 시장조사의 필요성

1. 시장조사의 의의

시장조사(market research)는 수출입절차의 최초단계로서 특정상품에 대한 판매 또는 구매가능성을 조사하는 것을 말한다. 즉, 수출의 경우 특정 상품을 수출할 해외의 시장에 대한 조사를 말하며, 수입의 경우 특정 상품에 대한 국내 시장과 유통 루트에 대한 정보를 조사, 수집, 분석 하는 것을 말한다.

해외 시장은 국내 시장과는 달리 지역적인 격리성, 상이한 문화, 종교, 상관습 및 언어 등의 차이로 어려움이 많으나, 외국과 무역거래를 함에 있어서 위험을 최소화하고, 이익을 극대화하기 위해서는 사전에 정확한 시장조사가 필수적인 전제조건으로 무역업 성패의 중요한 과제 중의 하나가 된다. 수입의 경우 국내 시장에서의 판매 가능성을 판단하기 위해서는 경쟁이 예상되는 제품의 시장 규모나 상황, 유통 루트에 대한 확실한 판단이 반드시 선행되어야 한다.[23]

---

23 부산광역시 베트남사무소, 무역실무 가이드.

2. 시장조사의 목적

성공적인 사업을 운영하려면 누가 고객이고, 고객이 필요로 하는 것이 무엇이며, 고객에게 어떻게 접근해야 하는지 알아야 한다. 시장조사는 창업 또는 사업 확장의 중요한 요소로서 고객과 경쟁자에 대한 정확하고 구체적인 정보를 입수하게 해 줄 수 있다. 고객의 수요는 기업 활동의 모든 측면에 영향을 주고 그 기준점이 되며 사업의 성패를 가를 수 있다.

사업 운영 환경은 매우 역동적일 수 있다. 경제 상황의 변화, 인구통계적 변화, 신규 법규, 기술의 변화 등이 사업 운영 방식에 영향을 끼칠 수 있다. 시장조사를 통해 다음과 같은 효과를 거둘 수 있다.[24]

(1) 사업을 시작할지 여부를 판단하고, 사업 관련 결정의 위험을 줄일 수 있다.
(2) 매출을 늘리고 사업을 성장시킬 수 있는 기회를 인지할 수 있다.
(3) 사업 계획을 세우고 사업계획서를 작성할 수 있다.
(4) 시장의 경쟁 정도를 파악할 수 있다.
(5) 고객의 특성 및 선호를 더 잘 알 수 있다.
(5) 유통 채널의 특성을 파악하고, 마케팅 전략을 수립할 수 있다.

---

[24] Canada Economic Development for Quebec Regions, Info Entrepreneurs.

1. 조사 계획

시장조사는 조사 계획, 조사 실시, 분석 단계를 거친다. 조사 계획 단계에서 제일 먼저 하는 활동이 조사의 목적을 설정하는 것이다. 조사의 목적이 모호하면, 그 결과도 모호하게 나오기 마련이다. 따라서 해당 조사에서 무엇을 얻고자 하는지를 명확히 파악하는 것이 시장조사에서 가장 중요하며, 가장 먼저 해야 할 일이다.

조사목적이 확립되면 이에 맞는 조사 과제 설정과 조사 설계에 들어가게 된다. 조사 과제 설정은 이번 조사에서 파악해야 할 주요 목적을 명제로 명확히 기술한 것으로 조사의 방향성을 잡게 된다. 조사 설계 단계에서는 실제 '누구를 조사해야 하는지(조사대상), 어떻게 조사를 해야 하는지(조사방법-2차 자료 조사, 설문조사, 인터뷰조사, FGI 등), 무엇을 조사해야 하는지(조사내용)'에 대한 기본적인 구조를 잡게 된다. 스타트업은 일반적으로 대량 설문조사보다는 목표 고객을 대상으로 인터뷰 조사 혹은 FGI(Focus Group Interview)를 통해 사업 아이디어를 구체화하는 것이 일반적이다.[25]

2. 조사 실시

시장조사 계획 단계에서 설정된 목표와 전략에 따라 필요한 정보와 자료를 수집하는 활동이 조사의 실시 단계이다. 조사 실시 방법은 수집하는 정보나 자료의 특성에 의하여 1차 조사와 2차 조사로 구분한다.

---

[25] 한국과학기술정보연구원(KISTI), 성공 창업을 위한 시장조사 및 시장분석, 2016, pp.7-8.

(1) 1차 조사

1차 조사는 설문조사, 포커스 그룹 인터뷰, 현장 시험 등을 통해 잠재 고객으로부터 직접 자료를 수집한다. 창업 기업이 직접 조사할 수도 있고, 시장조사 전문 기관이나 서비스 회사에 조사를 의뢰할 수도 있다. 창업 기업이 직접조사할 경우, 비용이 절감될 뿐만 아니라 목표하는 시장을 직접 체감할 수 있다는 잇점이 있다.

1차 조사의 단점은 시간과 비용이 많이 들 수 있다는 것이다. 특히 마케팅회사에 조사를 의뢰할 경우 더욱 비용이 높아진다. 장점은 창업 기업이 조사하기 원하는 특정 집단(고객 혹은 해당 사업의 대상인 지리적 시장 등)을 표적으로 삼고, 특정 문제에 대한 구체적인 답이 제시될 수 있도록 조사를 맞춤형으로 설계할수 있다는 것이다.

(2) 2차 조사

2차 조사는 다른 목적으로 창업 기업이나 다른 기관이 기존에 조사, 수집한자료를 검색, 취합하여 시장조사의 목적에 활용하는 것이다. 무역 통계, 산업통계, 인구 통계나 데이터 등 정부, 무역 유관기관 등이 작성한 외부 자료와회사의 기록, 설문조사, 연구조사 등 내부 자료를 활용할 수 있다.

2차 조사는 조사 활동의 시간이나 비용이 적게 든다는 장점은 있다. 자료의구체적 표적성이 1차 조사에 미치지 못하고, 다른 목적으로 기 작성된 자료라는 점에서 정확성과 유용성이 떨어질 수 있다는 단점이 있다. 국내외적인경제 상황, 산업의 추세, 특정 상품이나 서비스에 대한 국가별 시장 규모, 잠재적 고객에 대한 특성 정보 등 거시적이고, 일반적 지표를 얻을 수 있기 때문에 중요한 활동이다.[26]

---

[26] Canada Economic Development for Quebec Regions, Info Entrepreneurs.

(3) 시장조사 방법의 활용

조사의 방법은 각각 장점도 있지만, 한계점도 있다. 어느 하나의 방법에만 의존하기 보다는 2가지 방법을 적절히 혼용하여, 가능한 각 방법의 장점을 충분히 활용하는 것이 좋다.

하지만 창업 기업은 시간, 비용, 인력 측면에서 1차 조사를 하기가 쉽지 않다. 대안적인 방법으로 코트라의 무역관, 현지 한국 대사관, 국내 주재 외국 대사관(상무관), 국내 주재 외국 상공회의소, 현지 교민회, 기타 인적 네트워크를 최대한 활용하여야 한다.

3. 결과 분석

조사 계획에 따라 실제 조사를 실시하게 되고, 조사 수행 과정에서 얻은 정보를 정량적, 정성적 분석 방법을 통하여 유의미한 정보로 가공하는 활동이 결과 분석이다.

무역 기업 창업자는 분석된 결과를 근거로 불확실한 시장에 대해 거래와 사업의 전개 여부를 결정할 수 있는 직관과 예측력을 얻을 수 있고, 고객 분석과 마케팅 전략을 세울 수 있다.

조사 자료가 너무 광범위하거나, 조사 목적에서 벗어난 자료까지 분석하고자 과욕을 부리는 경우 자료 분석의 시간 걸리고, 비용이 높아지는 반면, 자료의 활용도가 높지 않을 수 있음을 유의하여야 한다. 시장조사의 목적은 외국과 무역 거래를 함에 있어 비용과 위험을 최소화하고, 수익을 극대화 할 수 있는 의사결정과 전략을 찾는 수단이지, 조사 자체가 목적이 아니라는 점을 잊어서는 안 된다.

제3절 | 시장조사의 내용

사업 진행 여부의 의사결정과 마케팅 전략 수립을 위해 무역 창업자는 시장조사를 통해 필수적인 자료나 정보를 취득한다. 무역 창업 기업이 특정 제품이나 서비스에 관한 시장 분석으로 실제 사업화에 필요한 정보를 분류해 보면 다음과 같다.[27]

1. 환경

무역 창업 기업을 둘러싼 외부 환경은 다양하다. 목적하는 시장(외국)의 정치, 경제, 사회, 문화, 종교, 인구, 언어 등 일반적 환경, 경제 성장, 국민소득, 물가와 임금 수준 등의 경제 동향과 산업 동향, 대외 무역구조와 동향, 수입규제, 관세제도, 외환규제 등 무역관리제도 등을 예로 들 수 있다.

외부적 환경 가운데 무역 창업 기업에 대해 기회요인은 확대하고, 위협요인은 제거 혹은 축소하는 전략을 세워야 한다.

2. 제품 및 서비스

무역 창업 기업의 사업화 대상인 제품 혹은 서비스가 고객의 수요를 충족시킬 수 있는지의 여부와 가격을 어떻게 설정할 것인지는 사업의 성공 여부에 있어 큰 부분을 차지하고 있다.

---

27 부산광역시 베트남사무소, 무역실무 가이드.

시장조사를 통해 경쟁자들이 비슷한 제품 및 서비스에 대해 어떻게 가격을 매기고 있는지, 자사 제품의 가격을 얼마나 오래 유지할 수 있는지를 판단할 수 있는 자료를 확보할 수 있다.

제품 자체에 대한 조사로서 최종 소비자의 선호도, 시장에서의 판매가능성, 유통 구조, A/S, 경쟁 제품 및 서비스의 가격 동향, 특허권 문제, 제품수명 주기 등을 조사해야 한다.

3. 고객

누가 고객인지 알면 가격을 정하고, 판매 및 마케팅 전략을 세우는 데 도움이 된다. 목표하는 고객층이 명확화 되면, 잠재 고객이 어디에 있는지, 어떤 특성을 가지고 있는지, 소비 습관과 선호는 어떤지를 파악하여 사용할 판매 방법과 마케팅 전략을 세울 수 있다. 이를 통해 업계의 변화를 파악하고, 그러한 변화가 매출에 어떤 영향을 줄 수 있는지도 알 수 있다.

해당국의 인구 구성, 1인당 가처분 소득 분포, 잠재적 구매력, 소비 행태와 선호도, 유통 채널 등의 자료와 데이터를 파악해야 한다.

4. 경쟁사

누가 경쟁자인지, 자사 제품이나 서비스와 비교하여 경쟁자의 강점과 약점을 파악해야 한다. 이를 바탕으로 자사의 경쟁우위 요인을 발굴하고, 차별화 전략을 도출할 수 있다.

5. 유통채널

무역 창업 기업이 자사의 제품 혹은 서비스를 판매하기 위한 유통채널을 결정하고, 효과적인 공급 전략 마련하기 위하여 해당 시장의 일반적인 특성 외에 소비자 계층, 상관습 및 구매 시기를 조사하며, 유통구조는 어떻게 형성되어 있는가를 점검하고 주요 경쟁사 리스트를 체크한다.

이러한 자료와 데이터를 바탕으로 자사의 제품 혹은 서비스에 가장 적합하고 효과적인 마케팅 전략과 공급 루트를 결정할 수 있다. 즉 중개상을 통하여 시장을 개척할 것인지, 전문 수입상을 통하여 개척하는 것이 바람직한지 또는 도매상과 직접 거래관계를 맺을 것인지 등 구체적인 시장접근방법을 수립할 수 있다.

12.15 2020 인도네시아 라면(시장분석)

목차

자료 : https://www.kati.net/board/reportORpubilcationView.do?board_seq=92329&menu_dept2=49&menu_dept3=51

프로 기획자가 즐겨찾기하는 시장조사/자료조사 사이트

아래 URL은 시장조사와 자료조사에 유용한 사이트 모음이다.

잘 활용하면 유용한 정보를 얻는데 도움이 될 수 있다.

자료 : https://blog.ibk.co.kr/1556

수행 과제   시장조사 보고서 작성

무역 창업 기업이 해외에서 중저가 수입 향수 브랜드를 수입하여 판매하고자
한다. 아래 사이트를 참고하여 향수 수입을 검토하기 위한 시장조사 보고서
를 작성해 보라.

참고 사이트 : 시장 조사 내용
http://exportcenter.go.kr:9090/portal/contents.do?key=546

참고 사이트 : 통계청, 화장품 제조판매업체 수입한 화장품의 판매(유통) 구성비
https://kosis.kr/statHtml/statHtml.do?orgId=358&tblId=DT_KHI010

참고 사이트 : 수입 향수 가장 저렴한 유통 채널은?
http://bunseok.net/web/board_kyDM35/4966

참고 사이트 : 화장품 유통 구조
http://blog.naver.com/PostView.nhn?blogId=audi600629&logNo=22
1028928632

제5장

해외 거래선 발굴

제5장 해외 거래선 발굴

제1절 | 거래선 발굴의 의의

시장조사에 의하여 목적 시장이 결정되면 다음에는 목적 시장에 있어서의 신용력 있고 유력한 거래처를 찾아 거래관계(business connection)를 맺는 과정을 거래선 발굴이라고 한다. 물론 상대시장에 대리점을 두거나 자사의 지점을 설치하는 것도 생각할 수 있으나, 거래 경험이 없는 새로운 시장에 처음부터 막대한 자금이 소요되는 직접투자를 하는 것은 그에 따른 위험도 크다. 따라서 우선 목적 시장에서 가장 유망한 거래처와 거래실적을 쌓고 상대 시장의 실태를 완전히 파악한 후 다음 단계에서 기업진출을 계획하는 것이 가장 무난하다.[28]

무역에 있어서의 거래선은 넓은 의미로 수출의 경우 국내 공급선(제조사) 발굴과 수입의 경우 국내 유통 채널 발굴을 포함한다. 국내 거래선은 직접적 대면 접촉이 가능하고, 평판 확인 등 신용 정보 확인이 용이하다. 따라서 본서에서는 해외 거래선 즉, 수출의 경우 해외 구매자(buyer)와 수입의 경우 해외 공급자(seller)에 한정해서 설명하기로 한다.

---

28 부산광역시 베트남사무소, 무역실무 가이드.

제2절 해외 거래선 발굴 방법

1. 오프라인 거래선 발굴방법

(1) 무역관계기관의 소개

해당 상품에 대한 Buyer List 및 관련 정보를 WTCA, 각국의 상공회의소를 비롯하여 한국무역협회, 대한무역투자진흥공사, 주한외국대사관 상무관실, 무역협회 국제통상부 WTC사무국, 대한상공회의소 국제부 등 무역관계기관들을 통해 Buyer List를 입수하거나 거래 알선을 의뢰할 수 있다.

(2) 전문기관에 위탁조사

전문 마케팅 컨설팅업체와 KOTRA에 특정 지역 특정 아이템에 대한 바이어 조사를 의뢰하면 그 명단을 쉽게 얻을 수 있다. 특정 지역을 겨냥한 무역업계 초심자에게 안성맞춤인 바이어 발굴방법이다. 더구나 비용이 저렴하여 누구나 부담 없이 접근할 수 있는 통로다.

(3) 상공인명록의 이용

상공인명록(Business directory)에서 목적 시장의 유력한 잠재적 거래처 후보를 조사하여 직접 거래 제의서(offer)을 발송하는 방법이다. 2차 자료라는 한계가 있지만 원하는 대상을 손쉽게 찾을 수 있고 비용도 적게 든다는 것이 장점이다.

상공인명록으로 현재 세계에서 가장 널리 사용되고 있는 것은 Kelly사의 Kelly's Directory & Merchant, Manufacturers and Shippers of World와 Kompass사에서 운영하고 있는 사이트(www.kompass.com)가 대표적이다.

(4) 국내 발간 해외 홍보매체의 활용

한국무역협회를 비롯한 국내 수출유관기관의 해외홍보용 매체를 이용하는 방법은 비용 절감과 함께 홍보의 성과도 올릴 수 있다. 해외에서 배포되는 매체는 수만 가지에 이르므로 이중 어느 매체를 선택, 광고를 하느냐가 광고의 성공 여부를 좌우한다. 매체의 선정은 전문가의 조언을 받아야 예산낭비를 사전에 방지할 수 있다.

■ 표 5-1 국내 발간 해외 홍보매체

발행기관명	자료명	간별	배포수 해외
한국무역협회	Mart Korea	매월	13,000
한국종합전시장	COEX Buying Directory	부정기	2,000
대한상공회의소	Korea Business Directory	년간	1,700
중소기업중앙회	K.T. Directory of Small Business	수시	300
대한무역투자진흥공사	Korea Trade & Investment	격월간	6,000
한국무역협회	Korea Trade	분기별	80,000
기계공업진흥회	Korea Machinery	부정기	2,500
전자산업진흥회	Korean Part Catalog	년간	50
완구공업협동조합	Korean Toys	격년	1,000
금속공업협동조합	Korea Metal Products	부정기	200
공작기계공업협회	Korea Machine Tools Guide	격년	2,500
조선기자재공업협동조합	Korea Marine Equipment	부정기	800
한국생활용품시험검사소	Korea Merchandise	년간	200
BUYERS GUIDER 社	Korea Buyers Guide	월간	30,000

자료 : 백상현, On & Off Line 바이어 발굴 기법

(5) 각종 전시회 및 상담회 참가

국내의 주요 무역관련 기관에서 주최하는 사절단 및 각국의 무역기관에서 주관하는 각종 해외전시회 및 상담회, 시장개척단에 참가하는 방법이다. 해외 전시회는 해외박람회 디렉토리나 인터넷 사이트를 통하여 개별 기업이 직접 참가할 수 있지만, 무역관련 기관이나 지자체가 참가 지원하는 기회를 활용하면 비용과 절차 면에서 유리하다.

국제전시회는 바이어 발굴을 위한 최적의 조건을 갖추고 있어 권위 있는 국제전시회에 출품하게 되면 고객들에게 좋은 인상을 심어 주고 노력에 비해 상당한 성과를 올릴 수도 있다. 한 장소에 같은 제품에 관심 있는 사람이 몰리고 한 번 참관으로 전 세계 기술 및 신제품 동향을 파악할 수 있다. 참가 효과를 높이기 위해서는 사전 기획과 철저한 준비가 필요하고, 참가 이후 상담을 했던 잠재적 거래처의 사후관리가 필요하다.

* 전시회, 상담회 참가 준비 및 사후관리 사례
* 사례 : 전시회 참가 방법/ 참관 방법
  (해외 마케팅 부분 참조 ⇨ 해외 마케팅 사례로 넣을 것인지)

(6) 자체홍보물을 이용한 방법

해외배포용 Catalog 또는 Leaflet을 광고기획사 등에 의뢰하여 제작한 후 Buyer List는 주한외국대사관 상무관실, 한국무역협회 거래 알선실, 무역투자진흥공사 등을 통해 입수하여 해당 상품을 취급하는 Buyer에게 배포하는 방법이다.

(7) 직접 방문을 통한 방법

해당 지역 방문 시 호텔에 비치된 Yellow Page나 Trade Directory 등을 통해 예상 거래상대방을 선정한 후 전화로 시간 약속을 받고 직접 방문하는 방법이다. 이것은 상당한 경비가 소요되는 반면 잠재적 거래 후보와 만나 자사 제품을 홍보하거나, 상대 기업의 정보를 확인할 수 있는 가장 확실하고 유효한 방법이다.

2. 온라인 거래선 발굴방법

전통적으로 상품 및 제조업체 디렉터리는 무역업계에 중요한 정보서비스였지만 최근에는 인터넷상에 전 세계 기업 및 무역업체에 대한 정보뿐만 아니라 재무정보, 무역동향정보, 특허정보, 전시회 정보 등을 유료 또는 무료로 제공해 주는 전문 웹 사이트, 거래알선 사이트, 검색 엔진들이 많으므로 이를 잘 활용하면 보다 효과적으로 해외 시장정보를 수집하고, 거래선을 발굴 할 수 있다.

무역관련 기관 및 개별 업체들이 다양한 사이트를 개발, 운영하고 있으므로 무역 창업기업은 웹사이트의 주요 기능과 해외 인지도, 해외 무역거래알선 사이트와의 아웃소싱망의 범위 등을 고려하여 취사선택하여 활용할 수 있다. 현재 국내의 대표적인 무역거래알선 사이트로는 EC21, EC Plaza, T-page 등이 있는데 최근 이들 국내 3대 무역거래 알선사이트들은 정부의 e-무역상사 지정에 따라 기존의 거래알선 및 바이어 정보제공 등에 이어, 실제 시장조사, 신용조사, 계약체결, 무역거래 성사 및 사후관리까지 종합적으로 지원하고 있다.

무역 창업기업은 자사 영문 홈페이지를 구축하여 거래알선 사이트나 무역관련 사이트에 연결하여 잠재 고객 발굴의 효율성을 높일 수 있다.[29]

▌표 5-2 국내 및 해외 거래 알선 사이트

국내 사이트	바이코리아 www.buy korea.org	KOTRA 해외무역관에서 발굴한 구매오퍼에 특화된 B2B사이트,
	트레이드 코리아 www.tradekorea.com	무역협회 B2B사이트
	고비즈코리아 www.gobizkorea.com	온라인을 통한 중소기업 제품의 해외홍보를 지원하기 위한 중소기업진흥공단 의 인터넷 중소기업관
	EC21 www.ec2l.com	한국의 최대 글로벌 B2B사이트
	ECPlaza www.ecplaza.net	KTNET 자회사로 4개 국어(영, 일, 중. 한) 사이트 운영
국외 사이트	알리바바 www.alibaba.com	현재 세계 최대 글로벌 B2B 사이트
	트레이드키 www.tradekey.com	중동지역 최초의 B2B 사이트
	글로벌소시스 www.globalsources.com	전시회와 함께 고급 바이어정보 제공(한국 지사 보유)
	트레이드인디아 www.tradeindia.com	인도 최대 기업정보 디렉토리 서비스
	www.eceurope.com	EC Europe 세계 2위
	www.eto,commerce.com.tw	ETO Commerce 세계 4위
	www.ecrobot com	Ecrobot 세계 6위
	www.wbc.com	Worldbizclub 세계 7위
	www.worldbid.com	World Bid 세계 8위
	www,foreign-trade.com	Foreign-Trade 세계 10위

자료 : 식품의약품안전평가원, 무역 실무의 이해, 2017, 저자 추가 정리

---

29 식품의약품안전평가원, 무역 실무의 이해, 2017.
　부산광역시 베트남사무소, 무역실무 가이드.

1. 의의

거래 제의란 수출의 경우 해외의 잠재적 고객(buyer)에게 거래를 제안하는 것을 의미하고, 수입의 경우 해외 잠재적 공급사(seller)가 거래를 제안해 오는 것을 의미한다. 해외 홍보 책자나 디렉터리, 온라인 거래알선 사이트 등에서 정보를 입수할 수도 있고, 전시회나 각종 상담회를 통해 잠재적 거래 상대의 연락처를 확보할 수 있다. 팩스, 이메일, 전화 등의 방법으로 상대방에게 연락할 수 있으나, 이메일이 가장 보편적이 수단이다.

2. 수출 거래 : 거래 권유(Business Proposal, Circular Letter)

수출 거래에서 신규 바이어 발굴을 위해 잠재적 바이어에게 거래 제의서를 보낼 경우에는 다음과 같은 내용으로 작성한다. 상대방이나 상황에 맞게 아래 내용 중 일부를 의도적으로 생략하고 보낼 수도 있고, 상대방의 신뢰를 얻을 수 있는 기타의 자료를 추가 할 수도 있다.

(1) 잠재적 바이어의 회사명과 연락처를 알게 된 경위
(2) 무역 창업 기업의 업종, 취급 제품, 기존 거래 실적(국가, 제품명, 고객사 등)
(3) 무역 창업 기업의 자국 내에서의 지위, 업력(회사 연혁), 생산 규모(공급 규모)
(4) 취급 제품의 브로셔, 카타로그, 기술사양서, 국제인증, 보유 특허
(5) 주요 제품의 동작이나 특성을 보여 주는 동영상 혹은 유투브 링크
(6) 거래 조건(가격조건, 결제조건, 납기, 하자보증, 원산지 등)
(7) 무역 창업 기업의 신용 조회처(주거래 은행명 및 주소)

(8) 무역 창업 기업의 홈페이지 및 홍보 자료(예 : 회사나 생산 시설의 규모나 품질
관리, 기술 수준 등을 보여 주는 자료)

(9) 유상 혹은 무상으로 Sample을 공급할 수도 있다는 제안

▎그림 5-1 circular letter - sample

Dear Mr. John.

Your company has been recommended to us as a major importer and distributor of health care products by the Korean Embassy in Beijing, China.

We, Daehan Trading Co., Ltd. are one of the companies producing high quality health care products and exporting them to European countries and Asian countries. We have been proud of good reputation from our customers due to high quality and reliable quality control.

With a wide experience in this line of business for more than 20 years, we established two overseas manufacturing companies to meet the requirements of our overseas customers. One in London produces prestigious line of health care products to cover most European countries. The other in China produces different kinds of products which are reasonable in price and quality to cover Asian countries.

For more objective information, please e-mail me or visit our web site, http:\\www.daehan.com. You can find a brief company profile of ours and digital catalogues more easily. Also you can contact the Korea Exchange Bank in Beijing for our credit rating. We look forward to receiving your affirmative reply soon.

Yours truly,

자료 : 식품의약품안전평가원, 무역 실무의 이해, 2017.

3. 수입 거래 : 거래 문의(Business Inquiry)

수입 거래에서 신규 공급자(seller) 발굴을 위해 잠재적 공급자에게 거래 문의서를 보낼 경우에는 다음과 같은 내용으로 작성한다. 무역 창업 기업이 잠재적 공급자(seller)에게 요청하여야 하는 사항으로서, 필요 시 아래 내용 이외에 특정 산업이나 시장에서, 혹은 특정 기술이나 제품에서 중요한 확인사항이 있으면 추가하여 요청한다.

(1) 잠재적 공급자(seller)의 회사명과 연락처를 알게 된 경위
(2) 무역 창업 기업의 소개 : 회사 연혁, 국내 시장에서의 지위, 판매 실적, 마케팅 현황, 유통 경로, 주요 고객
(3) 잠재적 공급자의 국내 판매 대리점(agent, distributor 등)이 있는지 여부 확인, 가능하다면 잠재적 공급자의 국내 파트너가 되어, 거래를 하고 싶다는 의사표시
(4) 잠재적 공급 기업의 업종, 취급 제품, 기존 거래 실적(국가, 제품명, 고객사 등)
(5) 잠재적 공급 기업의 자국 내에서의 지위, 업력(회사 연혁), 생산 규모(공급 규모), 인원
(6) 취급 제품의 브로슈어, 카탈로그, 기술사양서, 국제인증, 보유 특허
(7) 주요 제품의 동작이나 특성을 보여 주는 동영상 혹은 유투브 링크
(8) 거래 조건(가격조건, 결제조건, 납기, 하자보증, 원산지 등)
(9) 잠재적 공급 기업의 신용 조회처(주거래 은행명 및 주소)
(10) 잠재적 공급 기업의 홈페이지 및 홍보 자료(예 : 회사나 생산 시설의 규모나 품질 관리, 기술 수준 등을 보여 주는 자료)
(11) 유상 혹은 무상으로 Sample을 공급할 수도 있는지 문의

I am writing to inquire about the availability of [product name]. I have seen the product details on your (website) and I'm very interested in buying one. I appreciate if you can send me samples so I can test before taking a decision. I have confidence in your commitment to quality but part of our procurement process is to test before any purchase. I also appreciate if you could send me the price of one unit as well as discounts on bulk orders. I need to take a decision in the coming few days so it's really very important that I receive this information as soon as possible. Awaiting your reply.

Best Regards

자료 : https://www.doctemplates.net/how-to-format-an-inquiry-letter-for-product/

1. 의의

신용조사(credit research)란 사전에 거래상대방의 신용도를 조사하여 거래 여부에 대한 의사 결정에 반영함으로써 미래에 발생할 수도 있는 신용위험 (credit risk)을 미연에 방지하고, 향후 거래에 따른 전망을 진단하는 것을 말한다.

무역거래는 거액의 상품을 선수금 없이 신용장 한 장으로 거래하게 되는 것이 보통이며, 이때 상대방의 신용상태(credit standing)가 불량한 경우에는 상품 인수를 거부하거나 대금지불을 거절하는 경우도 있다.[30]

무역은 언어, 관습, 문화, 법률이 서로 다른 원거리 국가와의 거래로 상대방의 선택이 잘못되었을 경우 이로 인한 피해를 사후에 바로 잡기가 쉽지 않다. 따라서 거래를 시작하기 전 상대방에 대한 정보를 입수해 거래여부를 결정하는 것이 중요하다.[31]

2. 신용조사의 내용

신용조사의 필수적인 조사항목으로서는 대상 업체의 상도덕(character), 대금 지불능력(capital), 거래능력(capacity) 등이 있는데 이를 3C's라고 한다.

---

30 부산광역시 베트남사무소, 무역실무 가이드.
31 한국무역협회, 무역실무매뉴얼.

(1) 평 판

상대방의 성실성, 평판, 업무에 대한 태도, 채무이행에 대한 열의 등 상대방의 평판도(character)는 가장 기본적인 신용조사 항목이다.

특히 원거리간의 매매거래인 무역거래는 무엇보다도 신용이 중요시 되고, 채무이행에 대한 열의는 상대방의 자금이나 영업실적보다 회사의 성격, 경영진의 성실성에 의존하는 경우가 많다. 따라서 무역에 있어서 고질병이라 할 수 있는 Market Claim, 대금지불 지연, 인위적 선적지연, 선적 후 가격인하 요구 등을 미연에 방지하기 위해서는 상대방의 Character에 대한 면밀하고 철저한 조사가 행해져야 한다.

(2) 대금지급능력

상대방의 대금지불능력(capital)을 확인하기 위해서는 자산관계 전반에 대해 조사하지 않으면 안 된다. 이것은 재정상태(financial standing)를 말하는 것으로 물적 신용을 나타낸다. 따라서 재무제표를 중심으로 하여 자본금 규모 및 자산내용 등을 충분히 검토하여야 한다.

(3) 거래능력

거래상대방의 거래능력(capacity)을 조사하기 위해서는 회사의 연혁(history)이나 경영자의 경력 및 능력 등을 검토할 필요가 있다. 또한 회사의 거래실적, 취급상품, 거래처 등도 조사하여야 한다. 성실하고 재정상태가 양호한 회사라도 영업능력이 없으면 장기적인 전망이 없는 것이다.[32]

---

32 부산광역시 베트남사무소, 무역실무 가이드.

표 5-3 해외 바이어 신용조사 보고서 내용

D&B - BIR (Business Information Report)

항목	보고서 기재 사항
Identification & Summary	던스넘버, 회사명, 주소, 전화번호, 대표자 이름, 주요 업종, 신용등급(Rating), 설립년도, 매출액, 종업 원 수, 업력, 재무상태 등 기재
Special Event (특이 사항)	주소 변경, 도산, 인수 합병, 화재, 천재지변 등 최근에 발생한 주요 사건 등 기재
Rating (등급설명)	D&B Rating, Credit Score, Financial Stress Score 등 각종 신용등급의 해석
Payment (대금지불 성향분석)	외상 매입금에 대한 지불 내역으로서 대금 결제 성향 파악 가능. 최고 여신금액, 현재잔액, 미지급금 등을 설명하며 지불성향 점수(PAYDEX)와 지불 방법 등을 분석
Finance (재무상황)	최근 3년 요약 재무제표, 최근년도 BS, PL, 주요 재무지표 등 재무 관련 자료
Public Filings (공공기록)	소송(Suit), 판결(Judgement), 세금체납(Lien), 담보설정(UCC Filings) 등의 공식 신고 사항
History (연혁)	사업자 등록 내용, 설립년도, 경영자 약력 등. 경영자의 기업 경영에 미치는 영향에 대한 평가자료
Operation (운영)	주요업종, 지배구조, 수출입 유무 등 회사 전반에 걸친 영업 사항 기재

자료 : (주)나이스디앤비, 안전한 수출의 첫걸음_바이어 신용조사, 2019.

3. 신용조사의 방법

(1) 거래은행을 통한 신용조사

거래할 상대방의 거래 은행(bank reference)에 신용 조회를 의뢰하는 방법이다. 일반적으로 많이 활용하지만 신용조사가 거래 은행의 고유 업무가 아니므로 만족스런 결과를 얻기 어렵다.

(2) 동업자를 통한 신용조사

동업자 조회처(trade reference)에 의해 신용조사가 실시된다. 동업자 조회처의 보고는 크게 믿을 만한 것이 못된다.

(3) 한국무역보험공사(K-Sure)에 의한 신용조사

한국무역보험공사는 해외지사 및 전 세계 신용조사기관과 연계하여 해외 소재 기업의 기본정보, 재무정보 등의 신용조사를 실시한 후 의뢰인에게 신용조사 보고서를 제공하는 서비스를 운영하고 있다.[33]

(4) 대한무역투자진흥공사(KOTRA)

KOTRA는 조사의뢰를 받아 KOTRA 전 세계 해외무역관을 통해 해외 잠재 파트너 발굴, 시장조사 등을 지원하는 서비스를 제공하고 있다.[34]

(5) 전문신용조사기관(commercial credit agencies)

상세한 신용조사를 할 필요가 있는 경우에는 신용조사를 전문으로 하고 있는 전문기관을 이용하게 된다. 전 세계 240개 이상의 현지 법인 네트워크를 보유한 D&B사의 한국 법인인 NICE D&B(www.nicednb.com)가 대표적인 상업적 신용조사 전문기관이다.

---

33 국외기업 신용조사, 한국무역보험공사, https://cyber.ksure.or.kr.
34 KOTRA-해외시장개척지원-해외시장조사사업.

4. 신용조사의 중요성

(1) 거래 결정의 자기 책임성

거래 상대방의 신용을 확인하여 거래를 할지 여부를 결정하는 것은 전적으로 무역 창업자 자신의 책임임을 명심하여야 한다. 해외 거래 상대방에게 제품을 선적 후 대금을 지급 받지 못하거나, 해외 공급자에게 대금을 지급하였으나, 제품을 공급 받지 못하면 창업 기업의 사활이 걸린 문제가 될 수 있다.

특히, 창업 초기의 대규모 계약 체결 성공에 도취되어 신용 확인의 기본을 놓치기 쉽다. 반드시 몇 번의 중복 확인을 거쳐야 하며, 전문기관의 도움을 받을 필요가 있다. 하지만, 전문기관의 도움조차도 도움에 그칠 뿐이다. 따라서 중요한 거래는 무역보험(수출보험)을 가입하여 안전망을 두텁게 해야 한다.

(2) 주의사항

■ 반드시 기본 정보를 확인하라

- 무역 사기의 대부분은 거래 전 상대방에 대한 간단한 정보 확인만으로 예방될 수 있다. KOTRA 해외 무역관, 현지 상공회의소, 각국 유료 업체 정보나 DB 등을 적극 활용하라.
- 무역 사기는 온라인 거래나 이메일 상으로 많이 발생한다. 바이어가 온라인 B2B 마켓플레이스에 등록한 구매 관심 품목 및 등록 정보에 대해 확인한다. 바이어의 이름, 국가명, 회사명, 전화번호, 이메일, 관심 품목, 주소 등의 정보의 일치 여부를 확인한다.
- 동일한 메일 계정으로 다양한 상품 문의를 대량으로 하는 경우, 이메일 도메인 계정과 국가 정보가 일치하지 않는 경우, 확인되지 않는 첨부 파일 또는 링크 접속 유도를 통한 로그인, 비밀번호 입력을 요구하는 경우, 홈페이지가 없거나, 홈페이지에 보여지는 정보와 기재한 주소, 전화번호,

담당자 이름, 이메일 도메인이 다른 경우, 구글 검색으로 fraud list 또는 scam buyer에 이메일이나 회사명이 나와 있는 경우에는 거래를 하지 않는 것이 좋다.

- 중요한 거래인 경우 상대방의 국내 방문을 유도하거나, 직접 상대방의 회사나 생산시설을 방문하여 신뢰성을 확인하는 것이 좋다.

■ 평소와 다르면 2중, 3중으로 확인하라

- 이전과 다른 계좌번호, 주소, 이메일, 전화번호 등으로 연락해 오면 반드시 유선 전화, 화상미팅을 통해 확인을 해야 한다. 체계적인 회사인 경우 사무실 이전 등으로 변경 사항이 생기면 사전에 그 내용을 통지한다.
- 신뢰성 있는 거래의 상대방이 아닌 제3자가 유출된 정보를 통해 신뢰성 있는 거래의 상대방인 것처럼 가장하여 사기 거래를 시도하는 경우가 많다. 거래 결정 전 신뢰성 있는 거래의 상대방에게 전화나 화상 미팅으로 확인해야 한다.

■ 좋은 조건의 첫 거래를 조심하라

- 첫 거래를 하게 된 바이어나 수출업체가 지나치게 좋은 조건을 제시하거나, 과도한 선수금을 요구해 온다면 무역 사기를 의심하라.
- 성실하게 초기 소액 거래를 한 후, 대형 거래를 통해 무역 사기를 실행하는 경우도 많다. 몇 번의 거래로 신뢰성을 판단하기 보다는 몇 년 이상 안정된 거래를 통해서 신뢰성을 검증해야 한다.

■ 바이어의 국적으로 신뢰도를 판단하지 마라

- 선진국에서 온 오퍼라고 해서 쉽게 믿어서는 안 된다. 선진국 기업을 가장한 제3국인의 무역 사기 가능성에 철저히 대비하라.
- 국가와 관계없이 세계 전역에서 무역 사기가 발생하고 있다는 점을 명심하라. 실제 선진국에서 제3국인이 연락할 수도 있다.

■ 어렵고 급할수록 무역 사기에 주의하라

- 무역 사기는 상대방의 어려울 때를 노린다는 점을 명심하라. 거래 협상 시에 자신의 어려움이나 촉박함을 드러내지 마라.

- 중요하고, 대규모 거래일수록 혼자 판단하지 말고, 주변 지인이나 전문가의 상담이나 조언을 구한 후 판단하면 독단적 판단으로 인한 실수를 줄일 수 있다.[35]

---

35 주식회사 나이스디앤비, 안전한 수출의 첫걸음 - 바이어의 신용조사, 2019 참조 저자 추가 수정.

Business Information Report

📄 Print this Report

Copyright 2016   - Provided under contract for the exclusive use of subscriber 410999088

ATTN: **Sample Report**   Report Printed: FEB 16 2016
In Date

BUSINESS SUMMARY

Do not confuse with other Gorman companies, this is a fictitious company used by D&B for demonstration purposes.	**D-U-N-S Number:** 80-473-5132
This is a **headquarters** location.	
Branch(es) or division(s) exist.	**D&B Rating:** **3A4**
	Financial strength: 3A is **$1 to 10 million.**
Telephone: 650 555-0000	**Composite credit appraisal:** 4 is **limited.**
	D&B Viability Rating: **15AA**
Manager:	
	D&B PAYDEX®:

Year started:	1985
Employs:	125 (110 here)

D&B PAYDEX: 74
When weighted by dollar amount, payments to suppliers average 9 days beyond terms.

```
0                          ▽                100
■■■■■■■■■■■■■■■■■■■■■■■■■■■■■■■■■■■
120 days slow      30 days slow    Prompt  Anticipates
```

Financial statement date:	DEC 31 2014
Sales F:	$20,839,372
Net worth F:	$1,490,077
History:	CLEAR
Financing:	SECURED
Financial condition:	FAIR
SIC:	2752
Line of business:	Lithographic commercial printing

Based on up to 24 months of trade.

SUMMARY ANALYSIS

D&B Rating:		**3A4**
Financial strength:		3A indicates **$1 to 10 million.**
Composite credit appraisal:	4 is **limited.**	

This credit rating was assigned because of D&B's assessment of the company's financial ratios and its cash flow. For more information, see the D&B Rating Key.

Below is an overview of the company's rating history since 11/22/13:

D&B Rating	**Date Applied**
3A4	11/22/13

The Summary Analysis section reflects information in D&B's file as of February 15, 2016.

자료 : 주식회사 나이스디앤비, 미국 BIR 샘플
https://m.blog.naver.com/PostView.nhn?blogId=nicednbglobal&logNo=221559323
070&categoryNo=16&proxyReferer=https:%2F%2Fwww.google.com%2F

해외 거래선 발굴

수출 아이템과 수입 아이템을 각각 정하고, 해외 거래선 발굴을 실행해 보자. 수출 아이템에 대해서는 거래를 제의하는 circular letter를 작성하고, 수입 아이템에 대해서는 inquiry를 작성하여 보낸 후 해외 거래선과 직접 연락해 보자. 해외 거래선이 정해지면 기본적인 신용조사도 실행해 보자.

제6장

글로벌 마케팅

제6장 | 글로벌 마케팅

제1절 | 글로벌 마케팅의 이해

1. 의의

다양한 이론적 정의가 있지만, 세계의 특정한 다수시장을 대상으로 하며, 경영자원, 상품, 자본, 서비스, 판촉 등의 마케팅 요소를 표준화 전략을 통하여 고객만족을 통한 이익의 실현이란 기업 목적을 달성하는 일체의 활동을 글로벌 마케팅이라고 규정해 볼 수 있다.[36]

무역 실무 차원에서 글로벌 마케팅이란 해외 target market을 선정하고, 시장조사를 한 후 바이어를 발굴하고 협상하는 일련의 과정과 활동을 의미한다.[37]

본서에서는 이론적 논의보다 무역 실무에서 실제적으로 활용될 수 있는 기법과 실행 과정상의 전략을 중심으로 글로벌 마케팅에 대해 설명하고자 한다.

---

36 네이버, 두산백과사전 정의, 저자 정리 요약.
37 중소기업진흥공단, 중소기업지원 정책 연수_해외 마케팅, 2016, p.126.

2. 글로벌 마케팅의 범위

글로벌 마케팅은 넓은 의미로 아이템 선정부터 시장조사, 바이어 발굴, 거래 협상과 계약에 이르는 과정에 관련된 활동이라고 볼 수 있다. 따라서 앞서 별도의 장에서 구분하여 설명했던 아이템 선정 단계에서 아이템의 글로벌 경쟁력 평가, 시장조사를 통해 환경 분석, 목표 고객과 목표 시장 분석, 유통 채널 등에 대한 정보를 얻고, 바이어 발굴 방법의 선택, 발굴 바이어와의 협상과 계약 체결 과정까지의 여러 단계를 포괄하고 있다.

이 장에서는 해외에 수출할 특정 제품의 홍보 및 촉진 활동에서 활용되어야 할 실무적 차원의 전략이라는 좁은 의미의 글로벌 마케팅에 대한 설명에 한정해서 살펴 볼 것이다.

한편, 무역에 있어서의 마케팅 활동이란 수출과 수입의 측면으로 나누어 볼 수 있다. 수입의 경우 해외공급자의 특정 제품이나 서비스를 국내 시장의 고객들에게 어떤 유통 채널을 통해 판매할 지에 대한 전략과 활동을 마케팅이라고 할 수 있다. 수입의 경우 유통 채널에 대한 선택과 마케팅 채널에 대한 사전고려나 전략에 따라 국내 판매의 성공 여부가 결정되기 때문에 마케팅 활동은 대단히 중요하다. 수입에 관한 마케팅 활용은 국내 시장에 적용되는 일반 마케팅 실무와 이론 부분을 참고하기 바란다.

1. 글로벌 마케팅 절차

(1) 제품의 경쟁력 평가

제품이 상품성(현지 시장에서의 판매 가능성), 기술성(경쟁 제품에 대한 기술적, 기능적 우위성), 시장성(경쟁 제품에 대한 가격 경쟁력), 디자인(현지 고객의 디자인 및 색상에 대한 선호도) 등을 갖추었는지 객관적으로 평가하여 수출 가능성을 판단한다.

(2) 제품 컨셉 수립

짧은 시간에 잠재적 buyer의 관심을 사로잡을 수 있도록 제품의 특성을 간결하고 효율적으로 정의한다. 특히 경쟁 제품과 차별성을 부각시킬 수 있는 제품 시연, 샘플, 카탈로그, 브로슈어, 사양서, 동영상 등의 수단을 확보해야 한다.

(3) 글로벌 마케팅 환경 분석

기회 요인과 위협 요인의 관점에서 글로벌 시장의 현재 상황을 분석하고, 미래 변화의 방향을 예측한다. 이를 통하여 글로벌 시장에서 제품을 포지셔닝하고, 시장을 세분화한다.

(4) 목표 시장 선정

마케팅 환경 분석을 기초로 세분화된 시장 가운데 마케팅 활동을 집중할 목표 시장을 선정한다. 해당 국가의 인구, 소득 수준, 제품이 속한 산업의 성장성, 해당 제품의 수입 증가 추세 등을 고려하여 결정한다. 마케팅 초기에는 2~3개국을 선정하고, 마케팅 활동의 중간성과를 검토하여 점차 대상 국가와 지역을 확대한다.

(5) 마케팅 목표 설정

매출액, 이익률, 시장 점유율, 연도별 성장률 등 구체적이고, 측정 가능하며, 달성 가능한 성과 지표를 설정한다.

2. 오프라인 마케팅 실행 기법

오프라인 수출 마케팅 활동은 해외 전시 참가, 수출 상담회, 해외 시장 개척단 참가 등을 들 수 있다. 수출 상담회나 해외 시장 개척단 활동에도 해외 전시 마케팅 절차를 준용할 수 있으므로, 여기에서는 가장 대표적인 해외 전시 마케팅에 대해 아래와 같이 간략히 살펴보고자 한다.[38]

(1) 전시회 결정

전시회 참가는 제품의 소개, 잠재적 바이어와 상담, 구매 계약을 통해 수출 기회를 확대하거나, 잠재적 바이어나 에이전트를 발굴하는 고객 관계 구축, 신기술 및 산업 동향 정보수집과 시장 조사, 제품의 브랜드 구축과 미디어 노출 등의 목표를 실현하고자 하는 마케팅 활동이다. 전시회의 인지도, 참가 업체 수나 참관객 등의 규모, 소요 비용, 참가 예상 효과 등을 고려하고, 의도하는 마케팅 목표 실현에 부합하는 전시회가 어느 전시회인지 분석하고, 참가를 결정하여야 한다. 전시 참가 일정을 확인하고, 참가 규모를 확정한다.

(2) 전시회 참가 준비

전시회 참여 인원과 업무를 분담하고, 전시회 참가를 신청한다. 플로어 플랜을 보고 부스 형태와 위치를 결정한다. 주최 측에 부가 서비스를 신청하고,

---

[38] 중소벤처기업진흥공단, 창업보육 매니저 - 해외 마케팅, 2016, pp.143-157 저자 요약 정리.

계획된 일정에 따라 홍보 책자 및 판촉물을 준비한다. 부스 디스플레이 계획을 세우고, 현지 장치 업체를 선정한다. 전시회 진행에 필요한 샘플, 시연 제품, 카탈로그, 브로슈어, 동영상 자료 등 홍보물, 기타 명함, 사무용품등을 현지로 운송한다.

(3) 전시회 개최 전 활동

초청 바이어 명단 작성, 초청장을 발송하고, 현지 매체에 사전 광고 등을 게재하여 잠재적 buyer가 가능한 많이 방문할 수 있도록 유도한다. 참가를 약속한 바이어와 상담 일정과 현장 상담 계획을 작성한다. 전시 참가 목표(판매 목표와 비판매 목표)와 계획을 수립하여 참여 직원을 교육한다. 상담 및 응대 절차와 요령, 전시품 시연 및 제품 특성 설명 방법(가격, 사양, 납기 등), 문제 발생 시 대처 방안, 통역 요원 등 현지 임시 고용 요원 교육 방안 등 세부 절차와 계획을 준비한다.

(4) 전시회 기간 중 활동

전시 기간 중 제품 홍보와 거래 상담은 사전 준비된 매뉴얼에 따라 진행한다. 상담 일지를 작성하고, 명함이나 방문한 상담자의 촬영된 사진을 정리하여 사후 관리에 활용한다. 세미나 등 부대 행사에 참석하여 업계 인사나 관련 업체와의 networking 활동도 신경 써야 한다. 전시 참여 타 업체나 경쟁 업체 부스도 방문하여, 신기술, 신제품 등 시장 동향을 파악하여야 한다.

(5) 전시회 종료 후 활동

상담일지와 명함을 분류 정리하고, 단순 방문 및 질문한 buyer와 장시간 방문한 buyer로 구분, 각각 상·중·하 등급을 나누어 사후 관리한다. 연락처를 확보한 모든 방문자에 대해 감사와 관심을 표명한 서한을 발송한다. 특히 상담 중 추가적인 기술적 정보를 확인 요구하거나, 샘플을 요청한 buyer에 대해서는 신속한 대응 조치를 하고, 신제품 정보 제공 등 정기적, 지속적인 사후 고객 관리 활동을 해야 한다. 사전 목표 대비 실현한 성과를 분석하고, 차기 전시회나 다른 전시회 참가 여부를 준비하며, 전체 feedback하여 정보를 공유한다.

3. 오프라인 마케팅 전략

해외 전시회 참가를 중심으로 전통적 오프라인 글로벌 마케팅 전략을 설명하면 다음과 같다. 코로나 19 이후 글로벌 마케팅 전략의 무게 중심이 점점 온라인 마케팅으로 이동하고 있다. 하지만 아직도 오프라인 마케팅의 기본 원리와 전략은 유효하므로 온라인 마케팅 전략 수립과 단점 보완에 활용해야 할 가치가 있다.

(1) 글로벌 마케팅에 대한 중장기적 계획을 수립하고, 전담 인력을 배치하여야 한다. 그리고 최고경영자의 관심과 전사적인 지원이 없으면 효과적인 실행이 어렵다.

(2) 중장기 글로벌 마케팅 계획에 따라 가능한 목표 시장이 있는 국가와 지역에서 주최되는, 해외 전시회에 참여하는 기회를 늘린다. 이를 위하여 무역 유관 기관이 지원하는 글로벌 마케팅 지원 정책을 활용하도록 한다.

(3) 중요한 전시회 1~2개는 동일한 전시회를 꾸준히 참가하는 것이 필요하다. 중요한 전시회는 많은 바이어도 빠지지 않고 매년 참관한다. 세계 각지에서 온 바이어에 대해 회사와 제품에 대해 지속적인 노출을 통해 브랜드 이미지를 제고할 수 있다. 또한 반복되는 상담을 통해 유망한 잠재 buyer와의 네트워킹이 이루어질 수 있다.

(4) 초청장 발송, 현지 홍보 등 충분한 사전 활동으로 부스 방문 바이어를 가능한 많이 유치하고, 상담 시 요청 사항 대응, 부스 방문자에 대한 감사의 서한, 정기 레터링, 신제품 홍보 등 사후 관리 활동에도 주의를 기울여야 한다.

(4) 해외 전시회 참여는 한 자리에서 관련 업계의 정보와 글로벌 트렌드를 파악할 수 있는 좋은 기회다. 경쟁사의 기술, 관련 업계의 신기술, 바이어 구매 성향 등을 파악해 경쟁 전략을 수립할 수 있다.

(5) 글로벌 마케팅에서도 전통적인 오프라인 방법과 온라인 방법의 융합 등 다양한 방식과 새로운 접근이 필요하다. 오프라인 전시회에서 만난 잠재 buyer와의 networking을 다양한 SNS나 플랫폼을 연계해 관리함으로써 성과를 높일 수 있다.

(6) 오프라인 마케팅의 장점은 대면 접촉이다. 대면 상담 시 잠재적 buyer의 개인적 특성을 꼼꼼히 메모하여 개별 맞춤식 마케팅을 시도해 보면 의외의 성과를 거둘 수 있다. 성별, 연령, 직책, 종교, 출신 지역, 기호, 가족 관련 사항 등을 활용하여 인간적, 감성적 마케팅이 성과로 이어질 수 있다. 이를 위해 상담 후 기념 촬영과 메모를 반드시 해 두어야 한다.

(7) 글로벌 마케팅에서도 고객가치의 개념은 중요하다. 좋은 가격과 성능의 제품이니 구매하라는 식의 일방적 권유는 매출 달성 중심의 진부한 마케팅이다. 바이어의 입장에서 판매제품이 어떤 만족과 가치를 줄 수 있는지를 생각하고 바이어에게 다가가야 한다. 우리 제품이 경쟁 제품에 비해 적정한 가격인가, 제품의 품질이나 성능 면에서 우위성이 있는가, 결제 등 다른 거래 조건에서 더 유리한지 등을 끊임없이 바이어 기준으로 검토하고, 이를 다음 마케팅 활동에 반영해 나가야 한다.[39]

제3절 ｜ 온라인 마케팅 기법과 전략

ICT 기술의 발달과 인프라가 빠른 속도로 보급되면서 무역 거래와 글로벌 마케팅도 온라인을 활용하는 비중이 커지고 있다.

온라인 글로벌 마케팅은 목적에 따라 거래선 발굴을 위해 온라인 홍보를 통한 바이어의 방문, 접촉 유도 방법(홈 페이지 운영, 검색 사이트 광고, 마켓플레이스 이용, 소셜네트워크 활동)과 온라인상에서 바이어를 직접 찾아 연락하는 방법(디렉토리, 검색 엔진, e-마켓플레이스, 소셜네트워크 등)을 적절히 조합해서 사용할 수 있다.

1. 온라인 전시회 및 화상 상담회

코로나19 사태로 해외 출장과 대면 접촉이 어려워 진 후 오프라인 전시회와 상담회가 온라인으로 진행되고 있다. 개별 기업이 온라인 상담을 하는 경우도 있다. 중소기업의 경우 코트라와 같은 무역 유관 기관에서 지원하는 화상 상담 시스템을 활용하면 상담 과정과 통역 지원 등의 서비스를 효율적으로 활용할 수 있다.

온라인 상담은 비대면이므로 심도 있는 상담과 바이어와의 인간적 관계 형성이 부족하다는 단점이 있지만, 적은 시간과 비용을 투입하여 다수의 바이어와 상담을 할 수 있다는 장점이 있다. 철저한 자료 준비, 프리젠테이션 연습, 제품 시연으로 상대방을 설득시킬 수 있으면 의외의 효과를 거둘 수 있다.

---

39 한국무역협회, 수출기업의 해외 전시회 활용 실태와 시사점, 2007, 저자 정리 및 재구성.

2. e-마켓플레이스

　e-마켓플레이스는 다수의 공급자와 구매자가 거래를 이룰 수 있도록 해주는 온라인상의 시장이다. 판매 기업은 팔고자 하는 상품 정보를 등록하고, 구매 기업은 사고자 하는 상품을 검색하며 판매 기업과 접촉한다.

　e-마켓플레이스는 입회비, 상품 등록비, 광고비, 거래 수수료 등으로 수익을 창출하고, 거래의 장을 제공할 뿐, 직접적으로 거래에 관여하지는 않는다. 구매자와 판매자는 자신의 판단과 책임으로 e-마켓플레이스 상에서 취득한 거래 정보를 통해 거래를 결정하여야 한다.

　무역 기업은 각 B2B 사이트별 특성과 규모를 고려해서, 관리할 수 있는 적정 수(2~3개)의 사이트만 선택적으로 가입하고, 지속적이고 효율적인 관리를 해나가야 한다. 인콰이어리(견적 문의) 횟수 확대가 목적이면 알리바바와 같이 규모가 큰 사이트가 유리하고, 한국 상품 구매를 원하는 바이어가 타깃이면 코트라가 운영하는 바이코리아를 활용하는 것이 적합하다.

■ 표 6-1   e-마켓플레이스

● 해외 e-마켓플레이스

업체 사이트	국가	등록회원 (월 방문객)	비고
알리바바 www.alibaba.com	중국	2,000만	2,000만 개 이상의 글로벌 유저를 보유한 세계 최대 글로벌 B2B사이트
인디아마트 www.indiamart.com	인도	100만 (500만)	인도 최대의 B2B사이트
트레이드키 www.tradekey.com	중동	(600만)	중동지역 최초의 B2B 사이트로, 220개국의 수 출입업체 및 바이어 정보 제공
바이어존 www.buyerzone.com	미국	300만	중소규모 업체 중심의 B2B사이트
애플게이트 www.applegate.co.uk	영국	30만 (130만)	영국, 아일랜드 시장 중심의 B2B 디렉토리 서비스
WLW www.wlw.de	독일	38만 (150만)	유럽 독일어권 중심의 B2B사이트
KOMPASS www.kompass.com	프랑스	300만	세계 최대 기업정보 서비스(300만 개사)로 27개 언어를 지원하며 8개국의 개별 사이트 운영
글로벌 소시스 www.globalsources.com	미국	89만	전시회와 함께 고급 바이어 정보 제공 (한국지사 보유)
트레이드인디아 www.tradeindia.com	인도	150만	인도 최대 기업정보 디렉터리 서비스

● 국내 e-마켓플레이스

사이트	운영기관	비고
바이코리아 www.buykorea.org	KOTRA	KOTRA 해외무역관에서 발굴한 구매오퍼에 특화된 B2B사이트
TradeKorea www.tradekorea.com	무역협회	무역협회 B2B사이트로 한민족 네트워크와 연계한 글로벌 사업 수행
고비즈코리아 www.gobizkorea.com	중소기업진흥공단	온라인을 통한 중소기업 제품의 해외홍보를 지원하기 위해 1996년 출범한 인터넷 중소기업관
EC21 www.ec21.com	㈜이씨이십일	55만개 회원사를 보유한 한국 최대 글로벌 B2B 사이트
ECPlaza www.ecplaza.com	이씨플라자(주)	KTNET 자회사로 40만개의 회원사를 보유 (영, 일, 중, 한 4개 국어 사이트 운영)

자료 : 코트라, 중소기업을 위한 온라인 수출 마케팅 가이드, 2012

3. SNS

온라인상에서 공통의 관심사를 가진 사용자 간의 관계 맺기를 지원하고, 축적된 지인 관계를 통해 인맥 관리, 정보 공유 등 다양한 커뮤니티 활동을 지원하는 서비스를 SNS(Social Network Service)라고 한다.

사회적 관계망으로서의 SNS의 기능의 이용이 급증하면서 비즈니스 영역으로 전이되었다. 다양한 소셜 미디어 활용은 마케팅 및 판매(Marketing), 고객 서비스 및 지원(CRM), 기업 이미지 관리(PR), 제품 개발(R&D), 채용 및 인적자원 개발(HR) 등 구매 의사결정에 영향을 미치고 있다. 시공을 초월한 초연결성으로 인해 글로벌 마케팅과 무역 영역에서는 더욱 차지하는 비중이 커질 것으로 판단된다. 대표적인 미디어나 플랫폼은 페이스북, 트위터, 유튜브, 링크드인 등이다.

무역 관련하여 SNS 글로벌 마케팅은 크게 다음과 같은 접근법으로 통해 활용되고 있다.

(1) 유튜브 등을 통해 제품 소개 동영상을 게재하여 바이어의 방문을 유도하고, 인콰이어리를 받는다.
(2) 비즈니스 SNS인 링크드인 등에 가입하여 적극적으로 잠재 바이어를 검색하고, 인맥을 맺으면서 제품을 소개한다.
(3) 페이스북이나 트위터 등을 활용하여 해외 바이어 및 소비자를 대상으로 제품 관련 정보를 제공하고 소통한다.
(4) 위와 같은 방법을 적절히 선택하여 실시간으로 제품 소개와 판매 접수를 동시에 실행하는 라이브 마케팅도 활발해 지고 있다. 한류 스타나 인플루언서와 협업 시 효과가 폭증할 수 있다.

4. 홈페이지와 검색엔진 최적화

기업의 홈페이지는 가장 기본적인 온라인 수출 마케팅 수단으로써 온라인 상의 해외 지사 역할, 24시간 상근 직원 역할, 제품 전시관 역할을 한다.

국내 수출 기업 홈페이지의 99%는 해외에서 검색했을 때 화면이 백지 상태이거나 글자가 깨져 나오는 경우가 빈번하다. 이는 국내 기업의 홈페이지가 국내에서 주로 사용하는 인터넷 익스플로러(IE)에만 맞춰서 개발되어서, 해외에서 널리 사용되는 파이어 폭스, 사파리, 크롬 등의 웹브라우저 기반에서는 잘 볼 수 없기 때문이다.

▌그림 6-1 글로벌 브라우저 시장 점유율

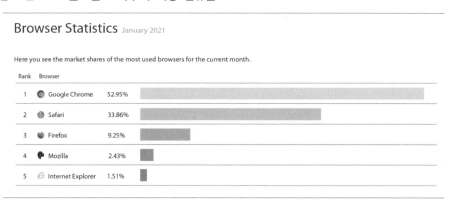

자료 : https://www.stetic.com/

그림 6-2 글로벌 검색 엔진 시장 점유율

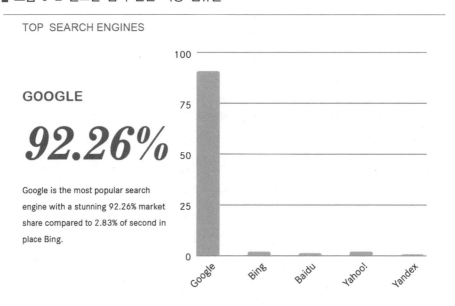

TOP SEARCH ENGINES

GOOGLE

92.26%

Google is the most popular search
engine with a stunning 92.26% market
share compared to 2.83% of second in
place Bing.

⚑ Google is the best search engine for 2021

자료 : https://www.reliablesoft.net/

위의 자료에서 보듯이 홈페이지를 글로벌 마케팅 수단으로 활용하기 위해
서는 주요 웹브라우저와 검색 엔진에서 검색이 될 수 있도록 제작 단계에서
전문가의 자문을 받는 것이 바람직하다. 모바일을 통한 정보 검색이 증가되고
있으므로 모바일 환경에서도 PC에서 보는 것과 동일하게 편하게 볼 수 있도록
개발되어야 한다. 검색 엔진 친화적으로 홈페이지를 제작하여 방문자 증대 및
신규 바이어 발굴을 도모하는 검색엔진 최적화(SEO) 마케팅과 특정 키워드를
구매하여 홈페이지 노출을 늘리는 키워드 검색광고(CPC)를 통칭하여 검색엔진
마케팅(SEM)이라고 한다.[40]

---

[40] 코트라, 중소기업을 위한 온라인 수출 마케팅 가이드, 2012, pp.6-71, 저자 요약 정리.

무역 창업 기업은 중소벤처기업부, 중소벤처기업진흥공단, 한국무역협회, 코트라 등 수출 지원 유관기관들의 다양한 수출 지원제도를 적극 활용하여 해외 마케팅 비용을 절감하고 여러 가지 도움을 받도록 한다.

매년 연초에 발표되는 정부 지원 정책 사업을 유관 기관 별로 확인해야 한다. 수출 바우처 사업, 내수기업 수출기업화 사업, 수출인큐베이터 사업 등이 대표적이며, 각 지자체 별 사업도 확인해야 한다. 하지만 지원 규모, 시행 일시, 신청 자격 해당 여부 등을 사전 확인하여 창업 기업에 맞는 몇 개의 사업만 선택하여 지원하도록 해야 한다. 신청 서류와 자격 요건을 준비하기 위한 시간과 비용을 고려하고, 회사의 본업에 소홀하지 않도록 유의하여야 한다.

■ 표 6-2 2021년 수출 바우처 지원사업 요약

● 21년 모집 세부사업 요약 (통합형, 산업통상자원부 4개 사업)

세부사업	지원 대상	바우처 발급액 (국고 + 자비부담)	국고보조
중견 글로벌 지원	[내수중견] 중견후보 · 예비중견기업 [Pre] 중견후보 · 예비중견기업 [중견글로벌] WC300 · 중견기업 [Post] 중견글로벌 졸업기업	[내수] 최대 10,000만 원 [Pre] 최대 10,000만 원 [중견] (중소 최대 13,000만 원 (중견 최대 20,000만 원 [Post] 최대 20,000만원	30~70% * 지원요건별 상이
소부장 선도기업 육성	[준비] 내수 또는 수출초보 소부장기업 [확대] 수출 10만 불 이상 소부장기업 [디지털] 수출 30만 불 매출 5억 이상 소부장기업	[준비] 2,000만원 [확대] 6,000만원 [디지털] 5,000만원	(중소) 70% (중견) 50%
소비재 선도기업 육성	[준비] 내수 또는 수출초보 소비재기업 [확대] 매출 100억 원 수출 10만 불 이상 기업	[준비] 2,000만원 [확대] 4,000 5,500만원	상동
서비스 선도기업 육성	[준비] 매출 1조 이하 수출전무 서비스기업 [확대] 매출 1조 이하 수출 서비스기업	[중소] 4,300 만원 [중견] 5,500만원 *준비 확대 발급액 동일	상동

자료 : 2021년 수출 바우처 지원사업 발표 자료 www.exportvoucher.com

표 6-3 2021년 수출 바우처 지원사업 내용

대분류	정의	내용(예시)
조사 · 일반 컨설팅	정보조사 및 법무 세무 회계를 제외한 수출관련 일반컨설팅	파트너 · 바이어 발굴조사, 해외시장조사, 소비자리 서치, 경쟁제품 동향조사 및 해외기업 신용 · 기업 실태조사 관련 유사 서비스
통번역	기업의 해외진출에 필요한 외국어 통번역 서비스	계약/법률 문서, 비즈니스/기술문서, 홈페이지 번역 및 통번역 분야 유사 서비스
역량 강화교육	수출역량강화 교육 제공	무역실무, 글로벌마케터 양성, 비즈니스회화 및 기타 수출역량 강화교육
특허 · 지재권 시험	특허 · 지재권 취득, 시험대행 등 해당분야 전문 서비스	현지시험 · 인허가, 지식재산권 등록, 지재권 분쟁 지원 및 특허/지재권/시험분야 유사 서비스
서류대행 · 현지 등록 · 환보험	무역 · 현지진출 필요서류 작성대행 및 현지 등록, 환보험 서비스	계약서, 통관/선적서류, 결재서류, FTA원산지 서류 작성 지원 및 유사 서비스
홍보 · 광고	기업/제품/브랜드의 해외 마케팅을 위한 홍보 및 광고	TV · PPL, 신문 · 잡지 홍보/광고, SNS · 검색엔진 마케팅 및 홍보/광과 분야 유사 서비스
브랜드 개발 · 관리	수출브랜드 개발과 관리를 위한 마케팅 활동	수출브랜드, 네이밍, 온 · 오프라인 제품매뉴얼 제작, 정품인증, 위변조방지 및 브랜드개발 · 관리 분야 유사 서비스
전시회 · 행사 · 해외영업지원	해외영업 관련 행사 기획, 수행 및 참여	국내 개최 국제 전시회 참가, 바이어 매칭 상담회 · 세미나 · 시연회 및 해외전시회 · 행사 · 해외영업지원 분야 유사 서비스
법무 · 세무 · 회계컨설팅	해외진출을 위한 법무 · 세무 회계 관련 전문컨설팅	회계감사, 세무자문, 법률자문, 법인설립, 해외발생 클레임 해결 지원, 해외법인 설립 및 법무 · 세무 · 회계 컨설팅 분야 유사 서비스
디자인개발	해외 진출에 필요한 외국어 디자인 개발	외국어 종이/전자카달로그 제작, 외국어 포장디자인, 외국어 홈페이지(반응형), 모바일앱, 해외온라인몰 페이지, 제품디자인, CI · BI 개발 등
홍보동영상	외국어 홍보동영상 개발	외국어 홍보 동영상 제작 등
해외규격인증	해외규격인증 취득을 위한 시험 · 시험 · 인증 및 인증 대행컨설팅	해외인증 비용 사후정산, 위생, 할랄 등 해외인증 취득 및 해외규격인증 관련 유사 서비스
국제운송*	판매자가 부담하는 국제 운송비	보험, 해외운송 지원 서비스(국내 및 도착국 비용 제외)

* : 2021년 중 '국제운송서비스' 분양 신설 추진(예정)

자료 : 2021년 수출 바우처 지원사업 발표 자료 www.exportvoucher.com

| 한국 시장에 이스라엘 잼 수입 및 유통 성공 사례

아래 사례는 이스라엘의 한 식품 제조 기업이 시장 구조와 소비자의 기호가 다른 한국 식품 시장에 진출하여 성공을 거둔 사례이다. 이 기업의 제품들은 이전까지 동아시아 시장에 공급된 적이 없었으나, 아시아 시장의 구매력이 상승함에 따라 아시아 시장 진출을 위한 교두보이자 첫 번째 목적지로 한국을 선택하여 커다란 시행착오 없이 빠르게 성공하였다.

자료 : https://www.koisra.co.kr/ko/case-studies/import-and-distribution-of-jams-in-the-korean-market/

마케팅 전략

아래 사례는 한국 식품(라면)의 에콰도르에 진출을 소개한 코트라의 요약 시장 보고서이다. 에콰도르의 수입절차와 유통채널을 검토하고, 시장 확대를 위한 마케팅 전략을 세워 보자.

자료 : https://news.kotra.or.kr/user/globalAllBbs/kotranews/album/2/globalBbs DataAllView.do?dataIdx=164135

제7장
무역협상 과정 및 계약

제7장 무역협상 과정 및 계약

제1절 | 견적 요청

해외 거래처 발굴이나 글로벌 마케팅 활동을 활발히 하면, 잠재적 바이어로 부터 견적 문의(inquiry) 요청을 받게 된다. 견적 문의를 받게 되면 그 내용을 확인하고, 그 후속 대응을 해야 한다. 대응 절차 및 반드시 확인해야 할 사항을 중심으로 살펴보자.

1. 대응 절차

이메일 등으로 견적 문의(inquiry)를 받게 되면, 우선 상대방에게 견적 문의를 잘 받았으며, 견적 문의해 준 것에 대해 감사하다는 취지의 확인 회신을 해 주어야 한다. 이 때 견적이 가능한 지 여부와 견적을 언제까지 발송할 수 있 는지 대략적인 예상 시기를 알려 주도록 한다. 발송 일정은 여유 있게 알려 주어야 하고, 바로 일정을 확인하기 힘든 경우 언제까지 확인하여 다시 알려 주겠다고 해야 한다.

2. 견적 문의서의 내용

견적 문의는 기존 거래하던 바이어나 지인 소개일 경우 전화 등 구두 상으로 요청하기도 하지만, 처음 거래하는 신규 바이어는 보통의 경우 이메일로 많이 보낸다. 이메일의 내용은 수출하는 회사(seller)를 알게 된 경위와 바이어의 자사 소개, 견적을 요청하는 품목의 상세 사양과 수량을 제시한다. 경우에 따라서는 바이어가 원하는 계약 조건을 같이 제시한다.

3. 검토할 사항

신규 잠재 바이어가 견적 요청서를 보내면, 제일 먼저 바이어 회사에 대한 사항과 견적 요청의 진위 여부를 확인해야 한다. 바이어 회사의 홈페이지, 이메일, 담당자 이름과 연락처 등 회사의 기본정보를 확인하고, 직접 전화 연락이나 화상 회의를 요청하여 실제로 존재하는 회사인지를 확인한다.

중요한 거래인 경우 현지 주재 한국 대사관이나 코트라 무역관 등을 통해 바이어 회사에 대한 개괄적인 정보, 평판, 신용도에 관한 정보를 입수한다.

바이어와 직접 전화 연락이나 화상 회의를 할 때 견적을 요청한 제품의 상세 사양과 바이어가 원하는 계약 조건을 다시 확인한다. 기술적으로 고 사양 제품이거나, 단가가 높은 제품 등 제품의 특성에 따라 기술 도면, 요구하는 특성 데이터 제시를 요청하여야 한다. 한, 두 가지의 특성이나 기술적 사양 조건이 달라져도 전혀 다른 제품이 될 수 있고, 생산 가격에 영향을 미치는 요소가 될 수 있기 때문에 제품 사양 확인 및 기술 데이터 확인은 철저히 해야 한다.

4. 공급처에 견적 요청

견적 요청서(inquiry)의 진위성 파악, 상세 사양 및 수량 확인, buyer 요구 거래 조건 등을 확인하면, 제품의 공급자(supplier)에게 동일한 내용의 견적 요청을 보낸다. 공급자가 견적 제출이 가능한 일자를 확인하고, 필요한 경우 buyer에게 견적을 보내야 하는 일자 보다 3~4일 정도 더 앞선 일자까지 견적을 요청한다. 수출자(exporter)가 원가 계산 및 수출자 이름으로 견적을 작성하는데 필요한 시간과 예비 시간까지 고려한 것이다.

공급자로부터 견적 가능한 일자를 확인한 후, 수출자는 자신의 이름으로 바이어에게 제출할 견적서 작성 소요 시간 및 예비 시간을 고려하여, 바이어에게 견적 제출 가능 일자를 통지한다.

1. 원가 계산

공급자로부터 견적을 받으면 수출자는 바이어에게 제출할 견적서(offer, quotation)를 작성하기 위하여 수출할 제품의 원가를 계산해야 한다.

수출자는 공급자가 제시하는 견적가에 수출 부대비용을 더하여 수출할 제품의 원가를 산정한다. 수출 부대비용은 수출 거래 조건에 따라 적용해야 할 요소가 다르므로 먼저 수출 거래 조건을 확인하고 그에 따른 비용을 산출한다.

그리고 수출을 진행하는 과정에서 산출하기 어려운 통신비나, 돌발적인 요소에 의해 부대적인 비용이 발생할 것을 대비해 총부대비용의 10% 정도의 예비비용을 수출 부대비용에 포함시켜 두어야 한다.

수출 원가 = 수출 제품 가격(공급자의 견적 가격) + 수출 부대비용 + 예비비

2. 수출 부대비용과 무역 거래 조건

수출 부대비용은 물류비용(내륙 운송비, 해상/항공 운송비, 창고료, 보관료, 보험료)과 기타 비용(L/C 등 대금 관련 은행 수수료, 수출 신고 등 통관비용, 환차손 보전 비용 등)으로 나눌 수 있다.

수출 부대비용의 구성 요소들은 거래 조건에 따라 적용 여부가 달라질 수 있다. 특히 무역 거래에서 물품의 인도와 관련하여 인도 장소, 인도 방법, 인도

증빙, 운송, 보험계약, 수출입 통관, 위험 및 비용 부담 등에 관한 관습을 정형화하여 부호로 표시한 정형 거래 조건(trade terms)을 INCOTERMS 라고 한다. 국제상업회의소(ICC : International Chamber of Commerce)가 제정 및 개정하며, 현재 적용되고 있는 것은 2019년 개정된 INCOTERMS 2020이다.[41] 상세 내용은 아래 사례(표)를 참조하기 바란다.

▌그림 7-1　INCOTERMS 2020

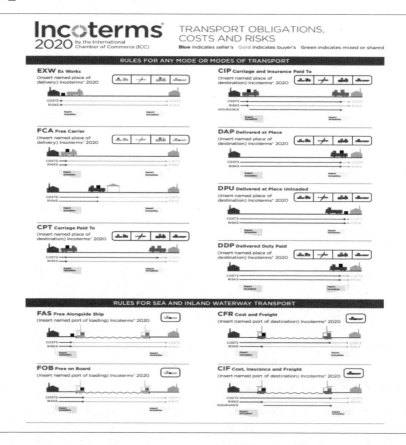

자료 : International Chamber of Commerce, https://iccwbo.org/publication/incoterms-2020-practical-free-wallchart/

---

41 오원석 · 광서, 무역상무, 2020, pp.175-176.

3. 수출 견적 가격

공급자가 제시하는 견적가에 수출 부대비용을 더한 가격이 수출 원가이다. 수출 원가와 수출자의 이익(마진)을 더하여 수출 견적가격을 산정한다.

수출 견적가 = 수출 원가 + 수출자의 이익(마진)

수출자는 해당 제품이나 유사 제품의 국내 시장, 국제 시장에서의 가격 정보를 확인하고, 경쟁 제품의 가격 정보를 입수하여 판매(수출)가 가능한 적정한 가격을 고려하고 마진을 설정해야 한다. 경쟁력 있고, 적정한 가격과 마진을 설정하는 것은 무역업에 오래 종사한 사람에게도 가장 어려운 판단 중의 하나이다.

주의할 점은 경쟁력 있는 수출 견적 가격을 설정하기 위해 타이트 하게 원가를 계산하는 것도 중요하지만, 바이어가 두, 세 번 가격 인하 요청을 해 올 것을 감안해 수출자 이익(마진) 폭을 여유 잡아야 한다.

그리고 견적해야 하는 제품 종류가 많을 경우 수출 견적 가격의 산정 포맷을 엑셀 양식으로 사전에 만들어 두고 활용해야 한다. 견적 작성 시간이 단축되고 검산이 용이하기 때문이다. 가격 계산에서 실수할 경우 돌이킬 수 없는 손해로 이어질 수 있기 때문에 계산 과정에서 실수를 방지할 검산 과정이 필수적이다.

4. 수출 견적서의 발송

수출 견적 가격이 산정되면 견적서를 작성하고 그 내용을 검토한다. 수출 견적서에 포함되는 주요한 거래 조건은 다음과 같다.

(1) 제품 자체에 관한 사항

제품 자체와 관련하여 수출 견적은 사양과 품질, 수량, 가격, 포장에 관한 사항을 포함하여야 한다.

(2) 계약 이행에 관한 사항

계약 이행에 관해서는 선적에 관한 조건, 결제에 관한 조건, 보험에 관한 조건을 포함하여야 한다.

(3) 기타 사항

기타 납기에 관련된 사항, 견적의 유효기간(validity), 하자보증 기간(warranty)도 수출 견적의 내용으로서 중요한 사항이다.

수출자는 견적서를 바이어에게 발송하기 전 적어도 10번은 반복하여 확인해야 한다. 국제간의 무역 거래에서는 사소한 실수 하나가 엄청난 손해를 가져올 수 있기 때문에 반복 확인은 제일 중요한 사항이다. 그리고 견적서는 외부에서 수정이 불가한 PDF파일로 보내야 한다.

1. back-to-back 방식

수출자가 공급자로부터 받은 견적에 수출 부대비용과 수출자의 마진을 더한 금액으로 바이어에게 견적을 제출하면, 바이어는 이를 검토하고 구매(수입) 여부를 결정한다. 수출자가 견적을 작성할 때에는 공급자가 제시한 사양과 가격 조건(INCOTERMS)을 그대로 적용하여야 한다. 이를 back-to-back 방식이라고 한다. 문제가 발생할 때 수출자가 손해를 최소화할 수 있는 방법이다.

바이어가 가격 할인을 요청할 경우에도 back-to-back으로 수출자는 공급자에게 가격 할인 요청하여야 한다. 즉 바이어가 10%의 가격 할인을 요청하면, 수출자도 공급자에게 10%의 가격 할인을 요청하고, 공급자가 5% 가격 할인을 해주면 수출자도 바이어에게 5% 가격 할인을 제시한다. 협상을 빨리 진행하기 위해서는 바이어가 원하는 할인 수준(target price)을 구체적으로 확인하고, 공급자가 해줄 수 있는 최대한의 할인 수준을 확인하여 양측의 절충점을 찾아야 한다. 협상의 최종 단계에서 필요한 경우 수출자가 자신의 마진의 일부를 포기하고, 할인해 줌으로써 가격 협상을 빨리 종결시킬 수도 있다.

2. sample 제공

상품이 국제적인 표준이나 규격이 없거나, 상세한 사양 제시가 어려운 경우에는 sample 확인을 통해서 구매 여부를 결정할 수 있다. 저가의 제품은 공급자의 결정으로 무상으로 제공하는 경우도 있지만, 바이어가 요청하는 샘플 수량이 많거나, 제품의 가격이 높은 경우, 운송 통관 비용이 많이 소요되는 경우에는 유상으로 제공한다.

공급자로부터 무상으로 샘플을 제공 받아 바이어에게 발송하는 경우에도 운송 통관 비용이 많이 발생할 수 있다. 이와 같은 샘플 운송 통관 비용은 미리 검토하여 수출 부대비용으로 바이어에게 제시하는 수출 견적(offer)에 포함시켜야 한다.

| 사례 연구 | 인도 바이어들 협상 이렇게 한다

> 인도는 오랫동안 중동, 동남아, 유럽과 무역을 해왔으며 상술이 뛰어나다. 인도 시장이 급속도로 성장하지만, 구매 과정은 곧잘 지연과 취소가 일어나서 계약을 성공으로 이끌기 위해서는 긴 안목으로 접근할 필요가 있다. 아래에서 인도인의 구매 협상의 특징과 유의사항을 검토하고 참고하기 바란다.

자료 : 코트라 해외시장 뉴스, 2010-03-19,
  https://news.kotra.or.kr/user/globalAllBbs/kotranews/list/2/globalBbsDataAllVie
  w.do?dataIdx=96258&column=&search=&searchAreaCd=&searchNationCd=&sear
  chTradeCd=&searchStartDate=&searchEndDate=&searchCategoryIdxs=&searchIn
  dustryCateIdx=&page=450&row=100

제4절 발주 및 계약 체결

1. 발주서 및 계약서

바이어가 샘플을 확인하고, 가격 협상을 통해 절충점을 찾으면 구매(수입) 의사결정을 하게 된다. 이 경우 1~2 페이지 정도의 발주서(PO : Purchase Order)만으로 진행하는 경우도 있고, PO에 부가하여 STC(Special Terms and Conditions)와 GTC(General Terms and Conditions)까지 첨부하여 구매 계약서(purchase contract) 형식으로 진행하는 경우가 있다. 보통 대규모의 거래나 중요한 거래는 계약서 형식으로 진행한다.

2. 확인 사항

바이어의 발주서 혹은 발주 계약서를 받으면 수출자는 최종 견적서(가격 할인 등으로 수차례 견적을 수정하여 제출한 경우)의 조건과 바이어의 발주서의 내용이 일치하는지 확인하여야 한다. 확인해야 할 주요 거래 조건은 다음과 같다.

(1) 제품 자체에 관한 사항

제품의 사양과 품질, 수량, 가격, 포장에 관한 사항을 확인하여야 한다.

(2) 계약 이행에 관한 사항

계약 이행에 관해서는 선적에 관한 조건, 결제에 관한 조건, 보험에 관한 조건을 확인하여야 한다.

(3) 기타 사항

제품 생산 완료 시 바이어의 검수(inspection) 참가 여부, 납기 및 납기 지체 시 지연배상, 견적의 유효기간(validity) 도과 여부, 하자 보증기간(warranty) 및 하자 보증 방법, 계약 불이행 시 손해배상 등을 확인하여야 한다.

견적서와 불일치하는 사항이 있으면 바이어에게 수정한 발주서를 다시 발송할 것을 요청하거나, 불일치한 사항을 그대로 수용할 것인지를 공급자와 협의한 후 수용의 의사를 바이어에게 통지하고, 이에 대한 서류나 이메일을 근거 자료로 보관해야 한다.

제품의 사양을 정확히 확인하기 위해 수출자가 견적 시에 바이어에게 기술 데이터와 도면(공급자가 작성, 제공)을 제출한다. 수출자는 기술 데이터와 도면상에 바이어가 확인 후 서명(사양 승인)한 사본을 반드시 입수하여야 한다.

원자재 가격 등 생산 요소의 가격 변동으로 견적이 유효 기간을 짧게 설정한다. 바이어가 견적 유효 기간이 지난 견적서에 따라 발주서를 보낸 경우, 수출자는 공급자에게 견적 가격의 변동 여부를 확인해야 한다. 공급자의 공급 가격이 변동된 경우에는 바이어에게 재 견적서를 제출하고, 수정된 발주서를 받아야 한다.

3. 공급자에 대한 발주

수출자는 바이어의 발주서 상의 거래 조건을 back-to-back으로 해서 자신의 발주서를 작성하여 공급자에게 발송한다. 제품의 사양, 수량, 가격, 납기 등 중요한 조건에 대해서 공급자가 확인하고, 확인 서명(PO confirmation)을 한 발주서의 사본을 입수한다.

이 때 수출자는 바이어가 확인 후 서명(사양 승인)한 기술 데이터와 도면 사본을 공급자에게 전달하여 공급자의 확인 서명도 반드시 받아야 한다.

그리고 바이어가 발주서에 표시한 요구 납기를 공급자가 맞출 수 있는 지도 확인하여야 한다. 만일 바이어의 요구 납기를 맞추지 못하면 수출자는 바이어에게 지연배상을 해야 할 수도 있다.

4. 발주 확인 회신(PO Confirmation)

공급자가 수출자의 발주서 상에 서명(PO confirmation)을 하여 수출자에게 반송하면, 수출자는 바이어의 발주서에 서명(PO confirmation)하여 바이어에게 발송한다.

서명(PO confirmation)은 발주서의 거래 조건대로 이행을 하겠다고 동의하는 것이다. 만일 거래 조건대로 이행을 하지 못하면, 계약 불이행 책임을 지고 손해배상을 해야 한다. 따라서 서명을 하기 전에 발주서의 내용을 꼼꼼히 확인하고, 이행이 불가능한 조건이 있는지 다시 한 번 더 확인해야 한다.

5. 생산 및 납기 일정 관리

수출 거래 계약 체결이 완료된 후 수출자는 공급자의 생산 일정을 확인 및 관리해야 한다. 기 생산되어 재고가 있는 제품은 바로 선적 준비를 하면 된다. 하지만 보통의 경우 공급사(제조사)는 주문을 받고 생산하는 경우가 많다.

고 사양의 제품이나 고가의 제품인 경우 생산 기간이 긴 경우가 많다. 바이어가 생산 계획과 생산 진행 현황에 대해 중간보고를 요청하면, 수출자는 공급자에게 확인하여 중간 보고서를 작성, 제출해야 한다.

| 제5절 | 수입 계약 체결 |

수입 거래는 수출 거래 절차를 역으로 생각하면 된다. 무역 창업 기업이 수입자가 되어 해외 공급자를 발굴하고, 공급 견적을 문의하여 국내 시장에의 수입 가능성을 확인한 후 수입 여부를 결정하면 된다.

1. 수입 아이템 선택 및 국내 시장조사

수입할 아이템을 선택한 후 그 아이템의 국내 시장에서의 판매 가능성(시장성)에 대해 시장조사를 실시한다. 시장조사를 통해 수입 할 아이템에 적합한 유통 채널과 수입 후 판매 형태(직접 판매 혹은 offer sale)를 결정한다. 누가 어디서 어떻게 판매할 지에 대해 사전에 정확히 판단하지 않고 수입을 결정한다면 아무리 좋은 아이템이라도 성공하기 쉽지 않다.

그 다음에 선택한 아이템이 수입 승인 또는 수입 요건 품목 확인 대상인지, KC 인증을 받아야 하는 품목인지 등 각종 규제 여부를 확인한다.

수입하고자 하는 물품이 대외무역법에 의한 수출입 공고상으로 수입제한 품목이면 수출입 공고상의 해당 수입 요령에 규정되어 있는 기관, 단체의 장으로부터 수입 승인(I/L)을 받아야 한다. 수입하고자 하는 물품이 통합 공고상으로 수입 요건 확인 품목으로 되어 있으면 통합 공고상의 요건 확인 기관에 수입 요건 확인 신청을 하여 수입 요건 확인서를 발급 받아야 한다. 해당 물품이 2개 이상의 법령에 관련되어 요건 기관이 2개 이상이면 요건 기관마다 확인을 다 받아야 수입할 수 있다. 수입 승인의 유효기간은 1년이다.[42]

---

42 한국무역협회, 무역실무 길라잡이, 2020, p.72.

수입할 아이템이 전기용품, 생활용품, 어린이용 제품에 해당하면 KC 인증을 받아야 하고, 식품 및 의약품이면 그에 관련된 안전 인증도 받아야 한다. 해당 각 분야의 사전 인증이 필요한 경우 그 요건, 비용, 절차를 검토해야 한다.

2. 해외 공급자 발굴

국내 시장조사를 하여 아이템이 성공 가능성 있다고 판단하면 해외에서 그 아이템을 공급할 공급자(seller)를 찾아야 한다. 수출 시 글로벌 마케팅의 절차를 역으로 생각하면 된다. 오프라인 해외 전시회나 온라인 무역 거래 사이트에서 신뢰할 만한 공급자를 찾는다.

선택 가능한 공급자 중 신용도가 높고, 기술력과 공급 능력이 있는 공급자를 선택한다. 공급자의 평판이나 신용조사는 현지 공관이나 코트라 무역관에 의뢰할 수 있다.

3. 공급 견적 문의 및 수입원가 계산

수입자는 해외 공급자에게 견적 문의서(inquiry)를 보내 선택 아이템에 대한 견적을 의뢰한다. 견적을 받으면 가격을 검토하고 수입 원가를 계산한다. 수입 원가에 수입자의 이익(마진)을 더하여 국내 판매가를 산정한다.

수입원가 = 해외 공급자의 견적 가격
+ 수입 부대비용(운송비, 통관비, 관세, 내륙 운송료)
+ 기타 비용(수입 승인, 인증 신청 비용, 환차손 등 예비비)

국내 판매가 = 수입 원가 + 수입자의 마진 + 유통 마진

4. 유통 채널 확보

선택한 아이템을 국내 수입할 경우 어떤 채널에서, 어떻게 판매할 지를 결정하고, 국내 수요량을 파악한다. 유통 채널을 정하고, 납품처와 납품 계약을 한다.

5. 공급 가격 협상 및 발주

예상 수입 물량을 기준으로 해외 공급처와 가격 협상 및 거래 조건을 협의한다. 협상을 통해 수입 가격이 결정되면 해외 공급처에 발주 계약을 한다.

수입 승인(대외무역법에 의한 수출입 공고 및 통합 공고에서의 수입이 제한되는 품목)과 인증이 필요한 품목인 경우 수입 전에 필요한 승인과 인증 취득 절차를 밟아야 한다.

수행 과제   수출계약서 검토

아래에서 수출계약서 샘플(영문)을 다운로드 받아서 무역 협상과 계약에 이르는 과정을 고려하면서 수출계약서에서 반드시 확인해야 할 사항을 검토해 보자. 가능한 전체를 한글로 번역해 보고, 유의할 점에 대해 발표하고, 토의해 보자.

자료 : 한국무역협회_수출계약서 예시
    https://www.kita.net/cmmrcinfo/cmmrcFormat/oldCmmrcformat/oldCmm
    rcformatDetail.do?pageIndex=1&nIndex=74536&iframe=Y&searchReqType
    =detail&searchOption=5&searchKeyword=

제8장

선적 절차

제8장 선적 절차

제1절 | 생산 완료 및 검사

1. 생산 일정 관리

수출자는 수출할 물품의 생산 진행 상황을 주기적으로 파악해야 한다. 선적 일정이 다가오면 확정적인 생산 완료 일정을 수출 물품을 제조하는 공급사에 확인한다. 그리고 생산 완료 후 검사에 참여할 지를 공급사에 통지한다.

2. 검사

생산 완료 후 검사는 주문자(수출자, 바이어)의 참관 하에 하는 입회검사(witness inspection)와 제조사가 생산 후에 자체적으로 진행하는 통상의 품질검사(routine test)로 나눌 수 있다. 바이어가 입회검사를 원하는 경우 공급사로부터 검사 및 시험계획서(ITP, Inspection and Test Plan)와 검사 일정을 받아 바이어에게 전달하고, 그 일정과 계획에 따라 입회검사를 실행한다. 바이어가 요구하지 않는 경우에도 수출자는 제품의 하자와 클레임을 예방하기 위해 입회검사를 실행하는 것이 좋다.

3. 시험성적서

검사를 마치면 공급사로부터 시험성적서(test report)와 수출 제품의 포장명세서 (PL : packing iist)를 입수한다. 검사 시의 사진과 포장 단위별로 내용물이 어떻게 적입되어 있는지를 파악할 수 있도록 사진을 확보해 두어야 한다. 특히 수량이 중요한 경우나, 제품이 다양하여 어느 포장 단위에 그 내용물이 적입되어 있는지 구분해야 할 경우 반드시 적입 전 종류와 수량을 확인할 수 있는 사진과 적입된 후 사진을 반드시 확보해 두어야 수량 부족 등의 클레임 대처에 활용할 수 있다. 이렇게 해도 현지 도착 후에 수량 부족 등의 클레임을 받는 경우가 많다. 따라서 바이어가 입회검사 시에 직접 수량 및 품질 상태에 대해 확인하도록 하면 좋다.

1. 시험성적서 제출 및 선적 승인(shipping approval)

수출자는 바이어에게 시험성적서를 제출하고 선적 승인(shipping approval)을 요청한다. 선적 승인이란 바이어가 수출자에게 생산 완료된 제품을 선적해도 좋다는 확인적 의사표시이다. 통상적으로 바이어는 시험성적서의 내용을 검토, 확인 후 선적 승인의 의사표시를 한다.

만일 바이어의 승인 절차 없이 수출자가 임의대로 선적을 진행한 경우 계약 불이행으로 수출자가 손해배상을 해야 하거나, 창고비, 물류비 등 선적 관련한 추가 비용을 부담해야 할 수도 있다. 반드시 바이어의 선적 승인을 받은 후 선적을 진행해야 한다.

2. 선적지시서(shipping instruction) 요청 및 선적 서류 작성

선적지시서는 shipping mark, 수하인(consignee)의 회사명, 주소, 연락처, 화물 도착 통지 연락처(notify party), 요구하는 선적 서류의 종류와 서류 발송처 등 선적 서류의 작성과 선적 진행에 필요한 정보를 말한다. 수출자의 요청에 따라 바이어가 제공한다.

수출자는 선적지시서에 따라 필수적인 선적 서류인 상업송장(commercial invoice), 포장명세서(packing list)를 작성한다.

3. 선적 스케줄 확정 및 선복 예약(shipment booking)

수출자는 운송주선인(forwarder)에게 commercial invoice, packing list를 제시하고, 바이어와 계약한 목적항까지의 운임 견적과 운항 스케줄을 입수한다(이하 CIF 조건 하에서 해상운송의 사례에 한정해서 설명). 운항 스케줄은 운송할 선박 및 선박회사명, 예상 출발일(ETD : estimated time of departure), 예상 도착일(ETA : estimated time of arrival), 선적서류 마감일, 화물 입고 마감일 등이 표기되어 있다.

수출자는 포워더로부터 입수한 운항 스케줄과 commercial invoice, packing list를 바이어에게 보내고, 입수한 운항 스케줄 가운데 바이어가 원하는 일정을 선택하게 하고, 선적 서류에서 수정할 사항이 없는지 확인(confirm) 회신하게 한다.

바이어로부터 확인 회신을 받으면 수출자는 바이어가 선택한 일정으로 포워더에게 선복 예약을 요청한다. 포워더가 선사(carrier)에 선복요청서(S/R, shipping request)를 제출하고 예약(booking)을 확정한 후, 수출자는 포워더로부터 예약번호를 입수해야 한다.

4. 입고 확인 및 수출 신고

수출자는 포워더로부터 화물 입고지(선적항의 지정 창고)와 담당자 연락처, 입고 마감 일자를 입수하여, 공급사의 출고 담당자에게 전달한다. 이 때 수출 포장 박스의 외부에 부착해야 할 shipping mark에 대한 정보도 공급사에 전달한다. shipping mark는 그 포장 화물에 대한 기본 정보를 표시한 것으로, 포장 박스의 양 측면에 비닐 코팅하여 쉽게 떨어지지 않도록 잘 부착하여야 한다.

수출자는 공급사가 배송 의뢰한 트럭 기사가 수출 선적항의 지정 창고의 담당자에게 수출 화물을 인수인계하였음을 확인 할 수 있는 인수인계증을 공급사를 통해 받아야 한다. 또한 포워더를 통해서 화물이 지정 창고에 입고되었음을 재확인하고, 해당 창고 내에 보관 위치와 사진을 입수한다. 포장 박스 상의 shipping mark를 사진을 통해 확인함으로써 포장 박스의 수량을 확인할 수 있다.

제품이 입고되면 수출자는 관세사에 의뢰하여 수출 신고를 해야 한다. 관세사로부터 수출신고서를 접수하면 포워더를 통해 선사에 전달 전달해야 한다.

5. 선하증권(B/L) 입수

선사가 수출 화물을 인수하고 본선에 적재하면 선하증권(B/L)을 발행해 준다. 최종 확정된 B/L을 발행하기 전 선사는 포워더를 통해 B/L draft(확인용 B/L)을 보내주고, 확인(confirm)을 요청한다. 수출자는 B/L draft의 내용을 확인하고 직접 confirm하거나, 중요한 거래 혹은 바이어가 요청한 경우 buyer의 confirm을 받아 선사에 전달한다.

선사는 수출자를 통해 confirm을 받은 후 최종 확정된 B/L을 발행한다. B/L 원본은 보통 3부를 발행해 주며, 포워더가 수출자에게 전달한다.

1. 선적서류

선적이 완료된 후 수출자가 바이어에게 보내야 할 필수적인 선적서류는
선하증권(B/L), 상업송장(commercial invoice), 포장명세서(packing list)이다.

수출자는 원본 선적서류를 선적지시서에 명시된 주소와 담당자 앞으로
발송한다. 선적서류 중 B/L은 화물에 대한 권리증서이며 예외적인 사유를 제외
하고는 재발행이 불가하므로 DHL과 같은 국제특송이나 국제특급등기우편
(EMS)로 보내야 한다.

선적서류를 보낸 후에 수출자는 바이어에게 선적이 완료(B/L 상에 선적일 명시되어
있음)되었으며, 선적서류를 발송했다고 이메일로 통지한다. 이 때 선적서류의
사본(전자파일)과 DHL의 항공화물운송장(AWB : air waybill) 사본을 첨부하여 발송
한다. 바이어는 AWB No.로 DHL로 보낸 서류의 배송 과정을 추적 조회할
수 있다.

2. 기타서류

필수적인 선적서류 외에 바이어가 계약 시 요구한 서류들을 선적서류 발송
시에 같이 발송해야 한다. 해외 바이어가 보통 많이 요청하는 서류들이다.

(1) 원산지증명서(CO/COO : country of origin)

제품의 원산지를 증명하는 서류이다. 지역 상공회의소 홈페이지에서 소정의
수수료를 지불하고 온라인으로 발급받는다. 바이어에 따라 한국 주재 자국 대

사관의 확인 스탬프를 CO 뒷면에 받아서 제출하라는 요청을 하기도 한다. 대사관의 확인 수수료가 고가이므로 서류 작성 시 실수하여 재발급 받지 않도록 유의하여야 한다.

원산지증명서는 한국과 자유무역협정(FTA : free trade agreement)을 체결한 국가의 바이어가 화물이 도착항에 도착한 후 통관 시에 자국의 세관에 관세 면제 요청을 위하여 필수적인 서류이다.

(2) 보험서류

INCOTERMS 2020 CIF 조건과 같이 수출자가 해상보험을 부보하는 것이 계약의 조건인 경우 선적 시에 보험에 가입하여야 한다. 보통 포워더에게 보험 가입 업무를 위임한다.

(3) 전략물자 판정서(EAR, : export administration regulation)

수출자는 바이어가 계약 시 요구하거나, 수출 허가가 필요할 것으로 판단하는 경우 특정한 물품이 특정 지역으로 수출이 제한되는 전략물자인지 여부를 확인해야 한다. 전략물자관리원(www.kosti.or.kr)에서 온라인으로 신청하여 서류상으로 확인을 받는다.

미국 상무부는 수출관리규정(EAR : export administration regulation)에 따라 재수출통제 정책을 시행하고 있다.

EAR에서 재수출(reexport)은 EAR 적용대상 품목을 미국 외의 한 국가에서 다른 국가로 선적(shipment) 또는 전달(transmission)하는 것과 EAR의 적용대상 기술이나 소프트웨어(source code)를 외국에서 제3국 국적의 외국인에게 공개(release)하는 경우를 말한다.

EAR은 미국 영토 외에서 미국산 완제품, 또는 미국산 부품이 일정비율을 초과하여 포함된 외국제품을 각각 제3국으로 재수출하는 경우, 미국 영토 밖에서 미국산 기술 또는 소프트웨어를 사용하여 생산된 제품을 제3국으로 수출하는 경우 그리고 미국산 기술로 만든 공장 또는 미국산 기술로 만든 주요 설비로 구성된 공장에서 제조된 제품을 특정국가로 수출하려고 하는 경우에는 모두 사전에 미 상무부 BIS의 허가를 받도록 규정하고 있다.

BIS는 허가여부를 결정할 때 당해 품목의 기술적 특성, 행선지, 최종사용자, 최종용도를 중시한다. 따라서 수출기업은 첫째, 자사가 수출하려는 품목이 무엇이며(What), 둘째, 그 품목을 어디로(Where) 수출하며, 셋째, 그 수출품목의 수령인은 누구이며(Who), 넷째, 그 수출품목의 최종용도는 무엇인지(What)를 반드시 확인해야 한다.[43]

(4) 목포장재 방역 서티(certificate of heat/fumigation)

외국으로부터 병충해의 유입을 방지하기 위해 국제간 무역에서 사용되는 목재 포장재는 반드시 방역(열처리, 훈증처리) 처리를 한 목재를 사용하도록 하고 있다. 수출자는 바이어가 요구 시에 국제식물보호협약(IPPC : International Plant Protection Convention)의 인증을 받은 목포장재를 사용하였음을 입증하는 인증서를 제출하여야 한다.

인증서는 수출 포장업체나 수출 제품의 공급사를 통해 입수할 수 있다. 바이어가 필수적으로 요구하지 않더라도 미리 인증서를 확보해 두는 것이 좋다. 바이어가 요청하는 목적항에 도착하여 수입 통관 검역 시에 이 인증이 없는 목재를 포장재로 사용한 것이 밝혀진 경우 수출 화물이 반송 처리될 수도 있다.

---

43 전략물자관리원, 미국 수출관리규정(EAR) 재수출통제(1).

┃ 그림 8-1 포장 목재 방역 마크

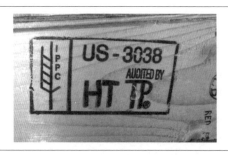

자료 : https://www.packnetltd.com/the-three-ispm-15-marks-for-wood-packaging-m
aterials/

┃ 그림 8-2 포장 목재 방역 인증서

CERTIFICATE OF (Heat or Fumigation) TREATMENT

Name of Treatment Company : _____

Issue No : _____

This is to certify the Wooden Packing Material described below was treated in
accordance with ISPM No.15

DESCRIPTION OF CONSIGNMENT

Name and address of exporter : _____

Declared name and address of consignee : _____

Place of origin : _____

Destination : _____

Name of Wooden Package and quantity : _____

This is to certify that the goods described above have been treated as follows

DESCRIPTION OF TREATMENT

Date : _____   Treatment : _____

Chemical(active ingredient) : _____   Duration and temperature : _____

Concentration : _____   Additional information : _____

Name and address of Treatment company : _____

Place of issue : _____

Name of treatment technician : _____

Date : _____   (Signature) _____

자료 : https://blog.naver.com/ulsan-port/222120708654

제4절 | 선적 후 절차

1. 목적항 도착 확인

수출자는 수출 화물이 목적항에 도착하는 예상 일정(ETA, : estimated time of arrival)에 맞춰 포워더를 통해서 선사의 운송 선박이 도착했는지를 확인해야 한다. 목적항 도착이 확인된 후에 바이어에게 화물이 도착했음을 통지한다.

2. 청구용 Invoice 발송

수출자는 화물의 도착을 확인하고, 바이어에게 통지한 후 수출 대금을 청구하는 invoice를 바이어에게 보낸다. 대금청구용 인보이스는 청구 금액과 대금을 송금 받을 수출자의 은행과 외환계좌 정보(swift code 등)를 표기하여야 한다.

Swift Code란 세계 공통으로 사용되는 은행식별코드로, SWIFT망을 통해 신속하고 정확한 송금을 하고자 만들어진 국제 코드이며, SWIFT-BIC, BIC code 라고도 한다.

바이어의 계약상 요구 조건 혹은 특정 지역이나 국가의 상거래 관습에 따라 대금 청구용 invoice를 반드시 원본으로 제출해야 하는 경우가 있다. 이 경우 DHL과 같은 국제특송이나 특급국제등기우편(EMS)으로 보내고, 그 결과를 추적 조회할 수 있도록 바이어에게 이메일로 항공화물운송장(AWB : air waybill) 번호를 통지한다. 바이어가 인보이스를 못받았다거나, 늦게 받아서 대금 지급 처리가 늦어진다는 빌미를 주지 않도록 해야 한다.

3. 구매확인서와 세금계산서

수출 제품의 공급자는 수출 선적을 위해 수출자가 지정하는 출발항의 지정 창고로 자신의 화물을 출고하면서 수출 기업에게 매출세금계산서를 발행한다. 수출자의 입장에서는 공급사로부터 수출할 물품을 구매하는 것이므로 매입세금 계산서가 된다.

보통의 국내 거래에서는 세금계산서를 발행 시에 10%의 부가가치세(VAT)가 부과된다. 구매자는 구매 물품 대금에 매입 부가가치세 10%를 합산한 금액을 공급자에게 지불하고, 추후 매입 부가가치세 10%는 국세청으로부터 환급 받는다.

수출의 경우 정부가 수출자의 자금 부담을 덜어 주고 수출을 장려할 목적으로 부가가치세를 면제하는 제도를 두고 있다. 수출자가 공급자로부터 구매하여 수출할 것이라는 확인서(구매확인서)를 발급 받아 공급자에게 제공하면, 공급사는 세금계산서 발행 시에 부가가치세를 포함 하지 않는 영세율(부가가치세율 "0") 세금계산서를 발행할 수 있다. 또한 공급사는 구매확인서 신청을 통해 공급한 물품의 수출 실적을 인정받게 되고, 수입한 원자재를 제조 과정에서 사용한 경우 원자재 수입 시 납부한 관세를 환급 받을 수 있다.

구매확인서는 한국무역정보통신 uTradeHub(https://ulocal.utradehub.or.kr/index.jsp)에서 온라인으로 신청, 발급받을 수 있다.

수행 과제 선적 절차 체크 리스트

선적 절차는 짧은 기간 내에 여러 가지 절차를 거치고, 다수의 서류를 작성하고 처리해야 한다. 절차나 서류를 빠뜨리는 실수를 하지 않도록 업무 현장에서 창업 기업의 업무 관련자는 모든 절차 진행을 체크할 수 있는 리스트를 작성해 두고 활용해야 한다. 이 장에서 배운 절차 진행 체크 리스트를 만들어 보자.

제9장

대금결제 관리

제9장 대금결제 관리

제1절 수출 대금 회수

대금 결제 관리는 수출 업무의 마지막 관문이다. 대금 결제 지연이 자금력의 여유가 많지 않은 무역 창업 기업에게는 초기 기업 운영에 치명적인 걸림돌이 될 수 있다. 따라서 제 때에 선적하고, 제 때에 대금을 회수해야 하는 것이 중요하므로, 운영 자금 계획을 세우고 선적 후 대금결제 관리에 만전을 기해야 한다.

1. 수출 계약과 대금결제 조건

(1) 대금결제 조건

무역은 buyer와 seller가 서로 다른 국가에 있는 상황에서 이루어지는 국제간 거래이다. 그러므로 물품의 인도와 대금의 지급이 동시적으로 이행되기 어렵다.

수출자(seller)가 우수한 제품이나 기술을 가진 경우라면 수출 대금 회수에 따른 위험을 회피하기 위하여 선 대금지급을 요구할 수 있다. 바이어가 대량 구매를 하거나, 시장 수요의 상당부분을 차지하는 buying power를 가진 경우에는 선 납품 후 대금 지급 조건을 주장할 수 있다.

건설 프로젝트 혹은 기계 설비와 같은 대형 거래에서는 선수금, 중도금, 잔금으로 분할하여 대금을 결제하는 경우가 있다. 분할 결제는 대개 수출자가 10~30% 정도의 선수금을 받고, 수출할 물품을 생산하여 납품한 뒤에 중도금을 받는다. 통상 10% 정도의 잔금을 기계 설비 등을 설치 및 테스트 한 후, 혹은 그로부터 1년 정도의 상업 운전을 하고 이상이 없을 경우 지급하는 경우가 많다. 무역 거래는 수출자와 바이어의 계약이므로 분할 결제의 비율이나, 분할방식(에 선수금 50%, 잔금 50%)을 결정하는 것은 계약 시 양 당사자의 협상에 의하여 다양하게 결정될 수 있다.

(2) INCOTERMS 2020과 대금 회수

"납품 후 30일 이내(within 30 days after delivery)"라는 예시는 얼핏 생각하면 수출 물품에 대한 결제 시기가 명확히 확정된 것 같다.

하지만 납품(delivery)은 INCOTERMS 2020 조건에 따라 그 시기가 달라진다. Ex-work의 경우 수출자의 창고에서 바이어 혹은 바이어의 운송대리인에게 인도하면 delivery된 것으로 본다. FOB의 경우는 바이어가 지정한 출발항의 지정 선박의 본선에 적재된 시점을 delivery된 것으로 본다. DDP의 경우에는 목적항에 도착 후 바이어가 지정한 장소에서 바이어에게 인도한 시점을 de-livery된 것으로 본다.

수출 계약을 위한 거래 조건 협상 시에 INCOTERMS 2020 조건에 따라 수출 대금을 회수할 수 있는 시기가 1~2개월 이상 차이가 날 수 있다는 점을 유의하여야 한다. 극단적인 사례이지만 DDP 조건으로 계약하고, 목적항 도착 후 세관 검사 등의 문제로 통관이 지연될 경우 그 문제가 해결될 때까지 바이어에게 물품 대금을 청구할 수 없다.

(3) 결제 기준 시기

다시 한 번 강조하지만 대금 결제 기준 시기는 수출 계약 거래 조건 중에서 제일 중요한 문제 중 하나이다. 결제시기를 "현장 검수 후 30일(net 30 days after site inspection)"이라고 명시한 사례도 기산점이 대단히 모호하다.

목적 항까지 도착은 어느 정도 객관적 예측이 가능하지만, 현지 세관 통관에 소요되는 시간, 현장에 도착하는 데까지 소요되는 시간, 현장 검수를 이행하는 데 소요되는 시간 등 변수가 많아 수출 선적 후 얼마나 걸려야 물품 대금을 회수할 수 있는지가 불명확하다.

수출자와 바이어의 특약은 INCOTERMS 2020의 정형거래조건에 우선한다. 그러므로 바이어가 대금 결제 조건으로 제시하는 특약 사항을 면밀히 검토해야 한다.

(4) 결제 통화(currency)

수출 대금을 결제하는 기축 통화(currency)는 미국 달러화, 유로화, 일본 엔화, 중국 위안화이다. 결제 통화는 환율이 수시로 변하기 때문에 수출 대금을 회수하는 시점에서 예측하지 못한 환차손이나 환차익이 발생한다. 환율 변동의 추이를 보면서 수출 대금 회수시기를 맞추거나 조정할 수 있는지 검토해야 한다.

2. 대금지급 수단

무역거래에서 사용되는 일반적인 대금지급 방법은 신용장(L/C, letter of credit), 추심(collection), 송금(remittance) 방식이다.

(1) 신용장(L/C, letter of credit)

신용장이란 신용장 발행의뢰인(applicant)의 요청과 지시에 의하여 발행은행(issuing bank)이 발행하고, 수출상인 수익자(beneficiary)가 신용장에 명기된 제조건을 일치시키고 요청된 서류를 제시하면 발행은행이 대금지급을 확약하는 조건부 지급확약서(conditional bank undertaking of payment)이다.[44]

(2) 추심(collection)

추심이란 수출상의 의뢰를 받은 추심의뢰은행(remitting bank)이 추심은행(collecting bank)을 통해 환어음을 수입상에게 제시하여 대금을 회수하는 방식이다.[45]

(3) 송금

송금 결제방식은 수입상이 계약물품을 수령하기 전, 후 및 동시에 전신환(T/T : telegraphic transfer), 우편환(M/T : mail transfer), 수표(D/D : demand draft)등의 방법으로 수출상에게 수입 대금을 결제하는 방식이다.

대형 거래에서는 L/C가 선호되기도 하지만, 진행 절차가 엄격하고 복잡하며 수수료 비용이 많이 들어가는 단점이 있다. 추심은 L/C에 비해 수수료는 낮지만 은행은 단순 중개자로서 대금지급 의무를 지지 않고, 수입자의 신용만을 근거로 거래를 해야 하는 단점이 있다.

---

44 남풍우, 실용 무역실무, 2017, p.178.
45 오원석 · 박광서, 무역상무, 2020, p.537.

일반적으로 가장 많이 사용되는 T/T 결제는 수입상의 요청에 따라 송금 은행이 일정한 금액을 전신환으로 발행하여 직접 지급은행 앞으로 송신하는 방식이다. 절차의 간편성과 수수료 절감 등의 장점 때문에 수출상과 수입상 모두 선호한다.

3. 보증서(bond)

수출 계약의 진행 과정에서 바이어가 대금 결제 등과 관련하여 요구하는 보증서는 다음과 같다. 주로 건설 공사에 납품되는 기계나 장비 등의 수출 시에 바이어가 요구하는 경우가 많다. 보증서는 서울보증보험과 같은 민간보증 보험회사나 바이어가 요구하는 신용 등급 이상의 은행이 수수료를 받고 발급해 준다. 보증해야 할 금액과 보증 기간에 비례해서 수수료가 높아진다.

(1) 계약이행보증서(P-bond, performance bond)

계약이행보증서는 수출자가 명시된 계약에 대한 의무를 충실히 이행하겠다는 것을 보증한다. 수출자가 계약에 따른 이행을 기간 내에 이행하지 않거나, 혹은 이행할 수 없게 된 경우 바이어는 그가 납품할 납품처에 대한 계약을 이행할 수 없게 되어 손해배상 책임을 지게 된다. 바이어(수입자)는 보증보험회사나 은행에 수출자의 계약 불이행 사실을 입증하고 보증금(통상 계약 금액의 10~20%)을 요구할 수 있다.

(2) 선수금환급보증서(AP-bond, advance payment bond)

선수금환급보증서는 바이어(수입상)가 수출상에게 지급한 선수금의 환급을 보증할 때 발행하는 보증서이다. 일반적으로 보증금액은 선수금 전액을 요구하는 것이 보통이고, 보증서의 만기는 계약이행 시까지이다.

(3) 하자이행보증서(W-bond, warranty bond)

하자이행보증서는 수출자가 납품 후 일정 기간 동안(보통 1~3년) 납품한 제품의 품질을 보증하는 것이다. 수출자가 발생한 하자를 보완하는 조치를 취하지 않으면 바이어(수입자)는 보증서를 발급한 보증보험사나 은행에 보증금 지급을 청구할 수 있다.

(4) 유보금환급보증서

수출자가 수출 대금 분할 결제 방식에 의한 잔금(유보금)의 지급을 미리 회수하기 위해 바이어에게 제출하는 보증서이다. 수출자가 잔금을 수령한 이후 설비의 시험 운전 등 계약에 따른 의무를 이행하지 않거나, 게을리 하는 경우 바이어는 유보금환급보증서를 발급한 보증보험사나 은행에 보증금 지급을 청구할 수 있다.

1. back-to-back 계약

무역 계약 시 공급사와의 거래 조건과 바이어와의 거래 조건이 일치하지 않고 갭이 있으면, 무역 창업 기업은 거래에 따르는 위험을 감수해야 한다.

예를 들어 대금 결제 통화를 바이어와는 US dollar로 하고, 국내 공급사와는 원화로 계약을 할 경우 달러 환율의 변동에 따라 발생하는 환차익의 위험을 부담해야 한다. 공급사에 대금 결제해야 할 시기가 바이어에게 대금 회수할 시기보다 먼저 도래하는 경우 자금 운영에 부담이 가중될 수 있다. 그러므로 거래의 위험을 최소화하기 위해 무역 창업 기업은 거래 조건을 back-to-back 방식으로 조정하도록 해야 한다.

2. 대금결제 조건 협상

만약 back-to-back 방식의 계약이 곤란할 경우 무역 창업 기업은 그 갭을 줄일 수 있는 방법으로 거래 조건을 협상해야 한다.

공급계약과 수출계약 사이 결제 통화가 다르게 될 경우 수출 계약 시 환차손을 대비하여 가격을 설정하도록 한다. 대금 지급 시기 관련하여 공급사에 결제해야 할 시기를 바이어로부터 대금 회수하는 시기보다 여유 있게 결정하도록 공급사와 협상하여야 한다.

1. 포워더 수수료 지급 및 제반 비용

무역 창업 기업이 무역에 대한 경험이 많지 않다면 수출입 선적, 운송, 통관 관련하여 가장 많은 업무 연락을 하고, 도움을 받을 수 있는 업체가 포워더이다. 포워더는 수출자의 위임을 받아 공급사의 창고에서 수출 선적할 물건을 출고한 이후부터 바이어가 지정한 목적항까지 혹은 지정한 목적지의 바이어의 창고까지 운송, 선적, 통관을 포함하는 일체의 물류 과정과 활동을 관리한다.

포워더가 운송, 선적, 통관에 필요한 비용과 수수료를 청구하면, 계약에 의해 정해진 기간 내에 대금을 지급한다.

2. 관세사 수수료 및 관세 부가세 지급

관세사는 수출과 수입 화물에 대한 신고, 관세 및 부가세 산정, FTA와 관세 면제, 수입 화물의 검사 등 수출과 수입의 통관 업무를 대행하고, 이에 필요한 비용과 수수료 지급을 청구한다.

수행 과제 수입/지출 리스트

무역 창업 기업의 원활한 현금 흐름(cash flow)을 위해 적기에 대금을 수금하는 것이 제일 중요하다. 위 절차에 따라 대금의 회수와 지급을 관리할 체크 리스트를 작성해 보자.

사후관리

제10장 사후관리

제1절 | 고객관리, 평가 및 피드백

무역의 과정은 크게 무역 협상과 계약, 선적, 대금 결제, 사후관리의 4단계로 나누어 볼 수 있다. 사후관리는 무역의 마지막 과정으로 다음 계약으로 이어질 수 있는 연결 가능성을 평가해 볼 수 있는 단계이다. 지속적인 비즈니스는 이익 창출의 계속성을 보장하므로 소홀히 할 수 없는 과정이다.

무역 창업 기업의 이익 실현의 근원이자, 기업이 존재하는 이유는 바로 고객이다. 그러므로 고객을 만족시키며, 고객과의 관계를 잘 유지하는 기업은 지속적으로 성공할 수 있다.[46] 이 장에서 고객이란 바이어뿐만 아니라, 제품의 공급사 등 무역 업무의 과정에서 상호 협력하여야 하는 업무 네트워크상의 관련자들을 포함하는 것으로 범위를 규정하고 설명해 보기로 한다.

---

46 김형길, 정구도, 창업경영, 2012, p.310.

1. 지속적 고객관리

수출자는 수출 계약 이후 제품이 선적되어 목적항에서 바이어가 인수할 때까지 주기적으로 바이어와 연락하며, 바이어의 입장에서 제품이 생산, 선적되는 과정을 관리하고 진행 상황을 통지하여 준다.

공급사의 생산 진행 상황, 생산 완료 및 검사, 포장, 내륙 운송, 수출 통관, 수출항 출항 및 목적항 도착 등 바이어가 관심을 가질 만한 정보를 바이어의 요청이 없어도 미리 확인해서 제공한다.

2. 고객 평가 및 불만 관리

바이어가 제품을 인수한 후에는 도착 후 불량 및 수량 부족이 발생하지 않았는지, 바이어의 사용 도중 불편이나 현지 판매 후 고객 불만이 없는지 확인하고, 제품에 대한 고객 평가를 해야 한다.

그리고 초기 몇 차례 거래가 진행된 후(중요한 거래인 경우 첫 거래 후) 현지 바이어사를 방문하여, 구매 계약에 대한 감사를 전달해야 한다. 이러한 방문을 통해 바이어 회사와 현지 고객과 시장에 대한 이해도를 높이고, 신뢰를 쌓을 수 있는 기회를 만들어야 한다.

마찬가지로 바이어에게도 한국 방문을 요청하여 수출자의 회사, 수출 물품 공급사, 한국 시장에 대한 신뢰와 이해를 높일 수 있도록 한다. 국제간 무역 거래에 있어서도 서로에 대한 이해와 신뢰가 비즈니스 지속의 가장 강력한 무기이다.

3. 공급자 품질관리

수출 물품의 공급 계약 이후 물품의 공급사와도 지속적인 네트워크 형성에 힘써야 한다. 공급사의 입장을 이해하고, 공급사의 입장에서 수출 매출을 확대하고자 하는 노력을 보여줌으로써, 판매자와 구매자의 관계가 아닌 해외 매출의 확대라는 공동의 목표를 지향하는 파트너로서의 관계가 형성될 수 있다.

이런 측면에서 계약 과정, 생산 및 납기 관리, 품질 관리, 포장 및 출하 관리 등의 업무에서 양사의 긴밀한 협조가 필요하다. 특히 바이어로부터 받은 제품에 대한 평가 내용과 고객 불만사항을 공급사에게 충실히 피드백 하여 품질관리에 활용할 수 있도록 한다.

공급사 이외의 포워더사, 관세사 등 무역업무와 연관된 거래처와의 관계도 마찬가지로 서로 파트너라는 인식으로 신뢰를 쌓으면, 업무 협력의 원활과 효율을 기할 수 있다.

1. 의의

무역 클레임(claim)이란 수출자(매도인)와 수입자(매수인) 간에 무역계약 불이행을 원인으로 손해배상 혹은 이행을 청구하는 것을 말한다.

무역 클레임은 품질, 수량 등 상품 자체에 관한 클레임과 운송, 통관, 보험, 결제 등 이행 과정에 관한 클레임으로 구분할 수 있다. 여기서는 상품 자체에 관한 클레임을 중심으로 해결 방법과 처리 절차를 살펴본다.[47]

2. 해결 방법

클레임의 해결 방법은 당사자 간 해결, 제3자에 의한 해결, 소송으로 크게 3가지로 나누어 볼 수 있다.[48]

(1) 당사자 간 해결

클레임을 당사자 간에 해결 할 수 있는 방법으로는 클레임을 제기한 당사자가 청구권의 포기, 당사자 간의 교섭으로 타협점을 찾는 화해가 있다. 무역 실무에서 클레임을 실효성 있게 해결할 수 있는 방법이다.

(2) 제3자에 의한 해결

제3자의 개입으로 클레임을 해결하는 방법으로 알선(intercession), 조정

---

47 최낙복, 국제무역실무, 2012, pp.53-54.
48 한국무역협회, 무역실무 길라잡이, 2020, pp.132-137.

(conciliation), 중재(arbitration)를 들 수 있다. 알선이나 조정은 절차적 측면에서 중재에 비해 간편하지만, 효력 측면에서 강제력이 없다는 한계가 있다. 중재는 판정에 강제력이 있지만, 중재 판정받은 사안은 소송에 의하여 다툴 수 없다는 한계가 있다.

(3) 소송

소송은 법원의 판결에 의해 분쟁을 강제적으로 해결하는 방법이다. 상호 조약으로 동의하지 않으면 한 국가의 판결이 다른 국가에 효력을 미치지 못한다는 한계가 있다.

3. 실무적 처리 절차

무역 창업 기업이 중재나 소송 등의 방법으로 무역 클레임을 해결하기에는 시간과 비용이 소요되며, 만족스러운 결과를 얻기 어렵다. 따라서 당사자 간의 화해와 타협으로 실효성 있는 해결을 선택하는 경우가 대부분이다. 이하에서 실무적으로 무역 클레임을 처리하는 절차를 살펴보자.

(1) 클레임 접수

선적 후 제품을 받은 바이어로부터 검사 과정에서 제품의 하자를 발견하였다거나, 수량이 부족하다는 등의 클레임을 접수하게 되면 수출자는 상황을 정확히 파악하고, 신속히 대응해야 한다.

수출자는 공급사에 즉시 접수된 클레임을 전달하고, 바이어에 대해서는 정식 클레임 서면과 증빙 자료(사진, 동영상, 선적서류 사본, 공급사 검사 성적서 등)를 제출해 달라고 요청한다.

클레임 서면은 발주번호, 선적 일자, 품명, 수량(하자 제품 수량)이 포함되어야 하며, 무엇을 청구하는지 명시되어야 한다.

(2) 계약조건 확인

수출자는 클레임에 관한 계약 조건을 면밀히 파악해야 한다. 클레임에 관련하여 계약 조건에 포함된 사항으로는 채무불이행 시 손해배상책임 조항, 하자보증(warranty) 조항, 바이어의 검수에 관한 조항(물품 인수 후 일정 기간 내에 검사를 하고, 이의를 제기할 수 있다는 내용) 등이 있다.

하자보증(warranty) 조항은 제품의 인수 후 일정 기간 동안 수출자는 제품의 하자가 발생할 시에는 수출자의 비용 부담으로 제품의 하자를 치유해 정상적 사용이 가능하도록 조치를 취하거나, 제품을 교환해 주어야 하는 의무를 부담한다는 내용이다.

하자보증 기간이 길면 그 만큼 의무를 부담하는 기간이 길어지므로 수출 계약 협상에서 수출자는 가능한 단축하려고 하고, 바이어는 가능한 긴 기간 동안 보장을 받기를 원한다. 이에 대한 협상을 합리적인 기간으로 잘 협의해야 한다. 불가피한 경우 하자보증 기간을 늘려주는 대신 이에 대한 부담을 고려하여 가격을 높이는 방향으로 협의가 이루어지기도 한다.

(3) 공급사 협의

수출자는 클레임을 접수하면 파악한 상황 정보와 함께 접수한 클레임에 대해 공급사에 통보한다. 공급사와 계약 조건을 확인한 내용과 정식 클레임 서면 및 근거 자료 등을 공동으로 검토하고, 책임 소재를 규명한다.

운송 과정에서의 손상 등 제3자의 책임으로 판명되거나, 바이어의 오작동 등 바이어의 책임으로 판명된 경우에는 책임의 소재를 분명히 한 공급사의 회신을 근거로 수출자는 바이어에 대해 책임이 없음을 서면 회신하여야 한다.

책임 소재가 밝혀지지 않는 경우나, 제3자의 책임 혹은 바이어의 책임인 경우에도 원만한 해결을 통해 거래를 지속하기 위하여 공급사를 설득하여 타협점을 찾도록 노력해야 한다. 다만 이 경우에도 책임 소재가 밝혀지지 않았거나, 수출자(공급사)의 책임이 아님이 분명하지만, 향후 협력적 거래 지속을 위한 조치임을 바이어에게 분명히 전달해야 한다.

(4) 대응 조치

제품에 대한 하자는 수량 부족, 품질 상의 하자가 대부분의 경우이다. 공급사 측의 원인에 의한 하자이면, 조속히 부족 분량 공급과 하자품을 대체 공급해야 한다. 고가 장비나 기계 설비인 경우 하자를 수리할 인력을 현지 파견하여 하자를 치유한다.

책임 소재가 밝혀지지 않았거나, 제3자의 책임 혹은 바이어 측의 책임이지만 협력적 차원에서 대응을 하는 경우 공급사와 바이어 사이에서 원만한 해결을 위한 절충점을 찾는 것이 조정자로서 수출자의 중요한 역할이다.

(5) 하자 제품 반송

품질 상의 하자가 있는 제품은 대응 조치 후에 바이어에게 반송을 요청해야 한다. 반송 받은 하자 제품은 공급사의 원인 분석 및 품질 관리를 위한 이력 관리 차원에서 공급사에 반송한다. 공급사에 하자 제품의 시험 분석 결과 보고서의 공유를 요청한다.

국가 간 무역에서 분쟁은 다양하게 종종 발생하곤 한다. 하지만 최근 코로나19로 마스크, 진단키트, 손세정제 등의 품귀현상이 나타나면서 위생보건 아이템과 관련한 '무역사기'가 적지 않게 발생하고 있어 주의가 필요하다. 유형도 전형적인 먹튀에서부터 이메일을 해킹한 송금사기까지 진화하고 있다.

한국무역협회 SOS트레이드 상담실 김범구 변호사는 최근 무역협회가 개최한 웹세미나에서 "무역사기는 무역과정에서 발생하는 일반적인 클레임과는 다르다"며, "당사자의 권리가 어느 일방의 주의의무 위반으로 인해 충족되지 못하는 무역 클레임의 경우에는 사후에 보완이 가능하지만, 무역사기의 경우 무역거래의 당사자들이 상대방을 기망해 재산상의 이익을 취득하는 행위로 사후 보완이 가능하지 않은 경우가 대부분"이라고 주의를 당부했다.

김 변호사는 무역사기 유형을
- ▲ 돈을 받고 물건을 실어 보내지 않는 경우
- ▲ 물건을 받고 돈을 보내지 않는 경우
- ▲ 온갖 다양한 명분에 의한 금품 갈취
- ▲ 목적항에 도착한 화물을 수하인이 인수하지 않는 행위
- ▲ 해킹
- ▲ 불법체류 용도의 초청장 발급 요청

등 크게 6가지로 나눠 설명했다.

자료 : 중기이코노미, http://www.junggi.co.kr/article/articleView.html?no=25402

무역 클레임 15조원 (디지털타임스 2006-10-23)

아래 기사와 같이 무역 클레임으로 인한 피해가 엄청난 규모다. 기사를 보고 무역 클레임의 심각성과 구제의 곤란성에 대해 검토해 보고, 무역 클레임 방지 대책에 관한 보고서를 작성해 보자.

지난해 국내 무역업계의 무역클레임 규모는 약 15조 원으로 추산되며, 무역업체가 클레임으로 받지 못한 돈은 약 1조 8000억 원 규모인 것으로 나타났다.

한국무역협회와 대한상사중재원은 여간 30만 달러 이상 무역실적이 있는 업체 중 1002개사를 대상으로 '무역클레임 발생현황 및 관리실태'를 조사한 결과 이같이 나타났다고 22일 밝혔다.

이번 조사는 우리나라 기업의 전체 무역 클레임에 대한 최초의 실태조사라는 게 무협의 설명이다.

조사결과에 따르면, 무역클레임 건수는 전체 무역거래 건수의 3%, 금액은 전체 무역액의 2.9% 수준으로, 지난해 약 15조 원(전체 무역액 522조 원의 2.9%)의 무역클레임이 발생한 것으로 추산된다.

국내 업체가 클레임을 제기해 합의·해결한 비율은 62.7%였으며, 합의가 되지 않은 클레임의 경우 중재나 소송을 통해 해결하기보다 중도 포기하는 사례가 63.9%에 달했다.

이처럼 중도 포기해 받지 못하는 클레임 미수금액은 약 1조 8000억 원에 이르는 것으로 추정된다.

무역업체의 42.7%는 최근 3년간 무역클레임을 1번 이상 경험했고, 수출업체는 44.8%, 수입업체는 42.4%가 클레임을 경험한 것으로 나타났다.

무역클레임은 지역별로 아시아(57.7%), 북미(23.3%), 유럽(13.8%)순으로 많이 발생했고, 국가별로는 중국(25.9%), 미국(22.6%), 일본(20.3%) 순으로 우리나라 교역량과 비례한 것으로 조사됐다.

수출클레임의 원인 중 64%는 품질불량 및 수량 문제인 것으로 나타났으며, 무역클레임 해결에 소요되는 기간은 평균 3개월, 소요되는 비용은 평균 655만 원이었다.

특히, 클레임 경험업체의 11.4%는 1000만 원 이상의 고액을 들여 클레임을 해결한 것으로 나타났다.

무역클레임과 관련, 업계가 바라는 지원책으로는 △일시적 자금지원(25.8%) △교육기회 제공(23.6%) △대한상사중재원 홍보 및 이용확대(16.8%) 등으로 조사됐다.

무협관계자는 "계약 단계에서부터 클레임 방지에 관심을 기울이고, 필요한 경우 대한상사중재원에 도움을 요청하는 것이 바람직하다"며 "정부, 무역유관기관에서도 클레임 교육사업의 확대를 포함한 무역클레임에 관한 종합적 지원체제 마련이 시급하다"고 말했다.

▋ 강희종기자@디지털타임스

자료 : 디지털타임스 http://www.dt.co.kr/contents.html?article_no=200610230201 0351603004

제11장
경영관리

경영관리

제1절 영업관리

　무역회사도 이윤을 추구하는 경영 활동의 조직체이므로 무역 업무라는 특수성을 고려한 부분을 제외하고 일반적인 경영 관리의 원칙과 전략이 적용될 수 있다. 이하에서는 영업, 회계와 세무, 재무, 인사의 각 부분별로 무역 창업 기업의 운영 현장에서 지침이 될 내용 중심으로 살펴보기로 한다.

1. 글로벌 마케팅

　무역 창업 기업은 취급 아이템 별로 목표 시장을 설정하고 시장 동향과 수요를 예측한다. 이를 바탕으로 마케팅 전략을 수립하고 온라인과 오프라인 채널을 활용하여 프로모션을 수행한다.

　초기에는 다양한 아이템에 대해 관심을 가지고 영업을 전개하더라도 업력이 쌓이게 되면 일정한 전문 분야로 특화해 나가야 한다. 전문 기업으로서의 대외적인 이미지 제고와 일관된 마케팅 활동을 위해 전문성 확보가 중요한 요소이다.

2. 영업 기획

아이템별 수요 예측, 판매 전략 수립, 계약 및 주문 관리, 시장 관리 등의 활동을 영업 기획이라고 한다. 초기 무역 기업의 역량이 부족할 시에는 코트라나 무역협회 등 전문공공기관의 자문과 지원을 활용하도록 한다.

3. 매입매출 관리

아이템이 늘어나고 매출처(바이어)와 매입처(공급사)가 많아지면 매출 실적 관리, 납품(선적) 관리, 대금 수금과 지급, 미수금 및 미지급금 등 관리 포인트가 늘어난다. 이를 관리할 수 있는 장표와 점검표(체크리스트)를 만들어 각 과정을 빠짐없이 확인할 수 있는 도구를 만들어 두어야 한다.

4. 고객관리

무역에서 고객관리는 주로 바이어 관리를 말한다. 앞에 설명한 무역의 각 과정에서 바이어의 신뢰를 확보하기 방법을 설명했다. 선적이 끝난 뒤에도 주기적으로 바이어와 연락하여 수요 예측과 시장 정보를 수집하고, 새로운 제품에 대한 정보를 바이어에게 제공하여야 한다. 다시 강조하지만, 신뢰 관계를 형성하여 바이어의 지속적인 구매 계약을 유도하는 것이 안정적인 매출을 확보할 수 있는 방법이다.

대부분의 바이어가 거래 초기부터 대량 구매를 하지 않는다. 소량 구매로 수출자와의 신뢰 관계를 형성하고, 제품의 품질과 시장의 반응을 확인한 뒤 본격적인 대량 구매를 하기 마련이다. 따라서 신규 바이어 확보도 중요하지만 재 구매를 계속하는 바이어를 유지하는 것이 더 효과적으로 영업성과를 창출할 수도 있다는 점을 반드시 기억해야 한다.

제2절 | 회계 및 세무관리

1. 회계 관리

회계란 기업 활동을 회계 관리 기준에 따라 체계적으로 기록하고 관리하는 활동을 말한다. 회계 활동의 결과로 정리되는 장표는 내부적으로 기업 경영의 지표로서 경영자의 경영 의사결정에 중요한 역할을 하며, 외부적으로 기업에 대한 이해관계자에게 기업의 경영 상황에 대한 정보를 제공한다.

대표적인 경영 결산 장표인 재무제표는 기업의 재무 상태와 경영 성과를 판단하는 매우 중요한 자료이다. 세무 신고, 정부 정책사업 지원, 금융기관 대출, 투자 유치 등 거의 모든 기업의 대외활동에서 재무제표를 기본적으로 제출하도록 하여 기업에 대한 평가 지표로 사용하고 있다.

따라서 창업 기업 경영자는 회계 중요성을 인식하고, 장표 정리 등 회계 관리 활동에 역점을 두어야 한다. 하지만 법인인 기업의 회계는 복식 부기로 회계 장부를 정리해야 하기 때문에 보통 회계사나 세무사에 장부 기장을 수임료를 지불하고 맡기고 있으며, 수임 이후에는 관리에 거의 신경을 쓰지 않는 것이 창업 기업의 현실이다.

창업 기업 경영자는 직접 회계 기장을 하지 않더라도 회계의 기본 원리와 재무재표를 읽는 방법을 익히고, 수임 회계사나 세무사와 함께 정기적으로 회사의 회계 관리 상태에 대해 상의하고, 경영에 반영해 나가야 한다.

매년 말 결산을 하고, 세무 당국에 보고한 이후에는 회계 장부를 수정할 수 없다. 그리고 회계사나 세무사는 1명이 수십 개 회사의 기장을 대리하고 있고 있기 때문에 특정 회사의 경영 상황에 대해 깊이 고민할 시간이 없다. 회계 관리 기준에 벗어나지 않도록 기장하고, 1년에 한, 두 번 결산 시에 상담하는 것이 전부이다. 따라서 창업 기업 경영자가 회계 관리에 적극적 관심을 가지고, 수임 회계사나 세무사에게 수시로 상담을 요청할 것을 한 번 더 강조한다.

2. 세무관리

(1) 개인사업자

■ 소득세

소득세란 사업을 통해 얻은 소득(1년간 총수입금액에서 원가 등 필요경비를 공제한 금액)에 따라 부과되는 국세(세율 6~42%)를 말한다.

소득세는 납세자(사업자)가 매년 1.1~12.31까지 얻은 소득에 대하여 다음해 5.1~5.31까지 장부에 의해 납부할 세금을 계산하고 주소지 관할세무서에 신고하고, 납부하여야 한다. 이때 소득세액의 10%에 해당하는 주민세(지방세)도 함께 신고하고, 납부하여야 한다.

■ 부가가치세

부가가치세란 상품(재화)의 거래나 서비스(용역)의 제공과정에서 얻어지는 부가가치(이윤)에 대하여 과세하는 세금이며, 사업자가 납부하는 부가가치세는 매출세액에서 매입세액을 차감하여 계산한다.

개인사업자(일반과세자)는 1년에 2회(1월, 7월) 부가가치세를 신고, 납부한다. 매출세액이 매입세액보다 많은 경우 차감한 금액만큼 부가가치세를 납부하고, 매출세액보다 매입세액이 많은 경우 차감한 금액만큼 환급을 받는다.

■ 원천징수

원천징수란 소득자(납세의무자)가 자신의 세금을 직접 납부하지 아니하고, 원천징수 대상소득을 지급하는 원천징수 의무자(국가, 법인, 개인사업자, 비사업자 포함)가 소득자에게 지급할 대상 소득으로부터 세금을 미리 징수하여 국가(국세청)에 납부하는 제도를 말한다.

임직원의 급여, 퇴직금, 상여금 등 기타소득을 지급할 때 원천징수를 하고, 익월 10일(혹은 반기별)까지 신고, 납부하여야 한다.

(2) 법인사업자

■ 법인세

법인세란 법인 기업의 각 사업연도 소득에 대해 부과하는 세금으로 사업연도 종료일부터 3월 내(12월 결산 법인인 경우 3월 31일까지)에 "법인세 과세표준 및 세액신고서"를 작성하여 납세지 관할 세무서장에게 신고, 납부하여야 한다(법인세 세율 : 과세표준에 따라 10~25%).

법인세액의 10%를 주민세(지방세)를 납부하여야 한다. 개인사업자와 달리 사업연도 종료일로부터 4월 내에 법인세액의 10%를 사업장소재지를 관할하는 시 · 군 · 구에 신고, 납부하여야 한다.

■ 부가가치세

법인사업자는 매출세액(공급가액×10%)에서 매입세액을 차감하여 부가가치세를 계산하여, 1년에 4번 신고, 납부하여야 한다.

■ 원천징수

법인사업자도 개인사업자와 마찬가지로 원천징수 의무자로서 대상 소득에 대해 원천징수 후 익월 10일(혹은 반기별)까지 신고, 납부하여야 한다(개인사업자 참조).

3. 재고관리

무역 기업이 수익의 극대화를 위해서 물품의 구매량과 판매량 간에 갭이 없도록 최적량의 재고를 보유하는 관리 활동이 재고관리이다.

수출에 있어서는 바이어로부터 선 주문을 받고 공급사(제조사)로부터 구매하여 수출하기 때문에 선적이 지연되는 경우를 제외하고 재고가 문제되지 않는다. 하지만 수입의 경우 단가를 낮추기 위해 대량으로 구매하거나, 최소 구매 수량(MOQ : minimum order quantity) 때문에 많은 물량을 수입하였으나, 국내 공급이나 판매가 차질이 생기면 재고 부담이 생길 수 있다.

필요한 시기에 재고가 없을 경우 판매의 차질로 매출에 영향을 줄 수 있지만, 한편으로 적정 재고량 이상의 재고 보유는 비용 요소이므로 관리에 주의를 기울여야 한다. 평소 수불관리와 실물 재고 관리를 주기적으로 하고, 예상 수요를 파악하여 적기에 필요량을 구매해야 한다.

그리고 과대한 재고는 회계 처리상에서 기업 평가에 마이너스로 작용한다. 재고조사표를 작성하여 실제 재고 조사한 결과와 장부상의 기록을 일치시키도록 한다. 장기 보유한 재고 중 마모, 파손 등으로 상품성을 상실하거나, 분실, 도난 등으로 인한 수량 부족분에 대해서는 회계 상 손실 처리하도록 한다.

사례 연구 | 연간 회계 및 세무관리 일정

구분	1월	2월	3월	4월	5월	6월
신고	부가세 확정	면세현황	법인세	부가세 예정	종합소득세	성실신고
인건비	일용직신고	연말정산		일용직신고		

구분	7월	8월	9월	10월	11월	12월
신고	부가세 확정	법인세 예납		부가세 예정	소득세 예납	
인건비	일용직신고			일용직신고		

▌ 직원이 있는 경우 매월 10일까지 원천세 신고

무역 창업 기업의 주어진 환경 내에서 필요한 자본의 조달과 운용을 위한 일체의 대내외적인 관리 활동이 재무관리이다. 가장 비중이 큰 자금관리와 기타의 재무 활동으로 구분하여 설명하기로 한다.

1. 자금관리

자금관리는 일반적으로 기업이 재무 전략에 따라 필요 자본량의 분석, 조달, 운용을 위한 경영 활동을 말한다. 내부 자금의 활용, 주식이나 사채 등의 외부 조달, 현금 흐름의 관리가 포함된다.

창업 기업의 경영자는 시장의 불확실성과 사업 여건의 변화 속에서 재무적 리스크를 최소화하기 위해서 자금 계획을 세우고 경영 성과를 예측하는 노력을 계속해야 한다. 적절한 현금 흐름을 관리하고 건전한 재무 상태를 유지하여야 불확실한 환경 하에서 경영 효율성을 확보할 수 있기 때문이다. 사업성과 시장성이 좋은 아이템으로 상당한 매출을 일으키더라도 예측하지 못한 변수에 의해 자금 흐름이 막히는 경우 흑자 도산할 수 있다.

자금관리를 위해 매입 매출 관리 장표, 연간/월간 cash flow, 월별 결산서를 작성하여 활용하는 것이 좋다.

2. 기타 재무 활동

(1) 환위험 관리

대금 결제의 수단으로 사용되는 외화의 환율 변동에 의해 무역 기업의 경영의 성과가 좌우될 수 있다. 그러므로 경영자는 환위험 관리에 만전을 기해야 한다.

환위험을 줄이기 위해서는 수출이나 수입 원가 산정 시 환율 변동의 위험 변수를 고려하거나, 여러 거래처와의 결제 통화의 종류를 분산하여 위험의 포트폴리오를 다양화한다. 금융기관의 선물환 거래 등을 활용하거나, 수출보험공사(K-sure)의 환변동 보험에 가입하는 것도 환위험 관리의 방법이 될 수 있다.

(2) 고객신용평가 관리

무역 기업의 거래처(바이어나 셀러)는 해외에 있는 기업들이다. 따라서 주기적으로 거래처의 신용상태를 확인하고 관리해야 한다. 거래처와 자주 연락을 취하고, 대금 결제가 지연되는 등 경미한 이상 상황이 감지되는 경우 즉각 신용 조사를 할 필요가 있다.

만일 거래처의 경영 상황이 악화되어 대금 결제가 어려워지거나, 불가능할 경우 대금 채권을 회수하는 조치가 국내 보다 어렵다. 이 점을 명심하여 대량 거래의 경우 분할 결제(선수금, 중도금, 잔금)를 적용하는 것도 좋은 방법이다.

(3) 정부 지원과 재무 지표 관리

정부 및 수출 유관기관은 수출을 장려하는 많은 정책을 시행하고 있다. 수출 지원 정책은 직접적인 자금 대출 이외에 각종 바우처 사업, 해외 전시 및 상담회 지원 등의 부수적 지원 혜택이 있다. 이와 같은 각종 지원 정책은 항상 수출 실적(매출액)과 재무 상태가 신청 기업을 평가하는 기준이므로 실적 관리 및 재무 지표 관리에 신경 써야 한다.

1. 채용 및 개발

무역 창업 기업이 성장하면 조직의 인적 구성원이 늘어나게 된다. 기업은 조직의 목표와 비전을 명확히 하고, 조직의 목표와 비전을 수행하는 데 기여할 수 있는 역량 있는 인재를 채용해야 한다. 무역 분야에서는 국제적인 감각, 외국어, 도전 정신과 열정 등이 인재 평가의 중요한 기준이 된다.

이러한 기준은 채용된 인재가 조직에 적응하고, 성장해 나가는 단계에서도 중요하다. 채용된 직원의 부족한 자질과 역량을 교육하고, 개발시켜 조직의 성과 달성에 기여하게 한다. 무역 창업 기업은 비용 절감 및 직원 동기부여를 위해 직원의 채용과 교육, 개발에 대한 각종 정부 지원 정책을 빠짐없이 활용하도록 한다.

2. 평가 및 성과 배분

기업은 직원의 업무 수행 태도와 성과를 평가하고, 경영 성과 배분의 기준으로 삼는다. 적절한 보상과 승진 등은 직원에게 동기를 부여하고, 조직 기여도를 높여 준다. 창업 초기부터 평가와 성과 배분에 대한 기준과 체계를 마련하여, 공정하고 효율적인 인적자원관리가 될 수 있는 토대가 필요하다.

3. 4대 보험 및 복리후생

4대 보험과 복리후생, 노무관리에 관하여 초기 창업 기업이 전문 인력을 채용하여 직접 관리하기 어렵다. 노무사 등의 전문가에게 위임하여 업무를 대신하게 맡길 수 있으나, 창업 기업은 초기에는 비용 절감 차원에서 직접 인사노무 관리업무를 수행하는 경우가 많다.

직접 인사노무 관리업무를 수행하는 경우 근로기준법 등 최소한의 법정 기준은 반드시 확인하고 법정 기준을 지켜야 한다. 퇴사하는 직원이 부당노동행위 등의 법률 위반을 이유로 관계 기관에 신고나 제소하는 경우 의외의 경영장애 요소가 된다.

4대 보험 및 법정 최소 복리후생 기준에 대해서는 세무 회계를 수임하는 회계사나 세무사 사무실에서 최소한의 인사노무 업무를 지원해 주는 경우도 있다. 세무 회계 수임 계약 시 지원하는 서비스 내용을 확인하고 수임할 회계사나 세무사를 선택해야 한다.

수행 과제 경영관리의 필수 장표

경영 활동의 기본 개념인 plan-do-see를 적용하면, 경영 관리란 사업 계획을 수립, 실행하여 그 결과를 분석하고 이를 다음 기간의 활동에 반영하는 것이다. 이 plan-do-see의 각 과정을 실행하고 연결하는 수단이 문서와 정보의 기록이므로 각각의 경영 활동을 관리하는 효율적인 장표가 필요하다. 이 장에서 설명한 각각의 관리 활동별로 필요한 장표들(예 : 매입 매출관리표)을 작성해 보자.

제12장

무역 실무형 수업과
실제 창업 사례

제1절 무역 실무 교육
제2절 우수 팀 및 창업 사례

제12장 | 무역 실무형 수업과 실제 창업 사례

제1절 | 무역 실무 교육

1. 대학의 역할

저자는 오랫동안의 연구와 대학 강의 경험을 통해 산-학 일체형 대학의 역할에 대한 지론을 펼쳐 왔다. 즉 대학이 곧 기업이나 학생들이 졸업 후 일할 전문적 영역의 직업(Profession)을 수행하는 전문성을 습득하는 실험실의 역할을 수행할 필요가 있다는 것이다. 마치 의과대학이나 로스쿨 같은 역할을 대학의 모든 전공학과들이 수행할 필요가 있는 것이다. 인문 영역도 현장이 꼭 기업이 아니라는 점을 빼고는 이러한 현장중심의 교육이 불가능하지는 않을 것이라 생각된다. 미국 대부분의 유명 대학들의 실용적 학풍은 미국이 전 세계의 혁신을 이끄는 원동력이 되어 왔고, 선진 대학의 대부분은 이러한 산-학 일체형 시스템으로 작동되고 있는 것이 확인된다.

특히 무역학은 이와 같이 현장 중심의 전공 분야로 발전되는 것이 매우 적합하고 용이한 분야라 생각된다. 이러한 저자의 관심은 실무 수행형 강의 모델 개발로 이어졌고, 그 효과를 일부 확인하고 있다. 수강한 학생들도 이제껏 배웠던 무역 이론적 바탕 위에 무역 실무를 경험함으로써 실제 창업 사례로 발전하기도 하고, 스스로 진로 설계를 할 수 있는 능력을 키울 수 있는 기반을 제고하였다고 판단된다.

이 장에서는 저자가 해왔던 실무 수행형 강의 내용과 수행 결과 발굴한 우수 사례를 제시함으로써 무역 창업을 원하는 청년, 대학생, 일반인들에게 동기부

여와 촉매 역할을 하고자 한다.

2. Uni-Lab 접근법과 BPIS 모델

(1) Uni-Lab 접근법

Uni-Lab이란 대학의 역할에 대한 저자의 접근법이다. 대학(University)과 실험실(Laboratory)의 합성어로 대학이란 미래 세대의 주인공인 청년 대학생들이 도전과 실패를 통해 현재 사회의 새로운 미래를 열어 가는 장이라고 보는 접근이다. 이러한 관점에서 국제무역학과는 세계 경제의 환경 속에서 우리기업의 무역과 글로벌 비지니스를 수행하는 데 있어서 새로운 가능성과 가치를 실험하는 실험실이 됨과 동시에 이러한 미래의 가능성을 현실화하는 전문 인력을 교육하고 배출하는 교육기관이 되는 것이다.

(2) BPIS 모델 적용 강의 방법

대학을 Uni-Lab으로 보는 관점에서 BPIS 모델은 구체적 수업과정의 기초 설계라고 볼 수 있다. 대학교육은 전문 직업에 대한 기본 학습(Basic Competency)과 실행(Practice)을 거쳐 기존 프로세스에 대한 혁신(Innovation) 창출과 그 성과의 공유(Sharing)를 유도하는 기능을 한다고 이해할 수 있다. 특히 학생들의 수업 중 이루어지는 치열한 경쟁과 협력과정에서 생성된 혁신적 지식을 수업 참여자들 사이에 공유하고 또 후배들과 업계에 공유하는 시스템을 구축하는 것이 매우 중요하다고 판단되며, 실제 수업에서는 이러한 공유시스템을 효과적으로 구축하기 위한 평가방법이나 수업진행 방법을 개발하여 적용하고 있다. 일례로 저자가 개발한 무역 실무형 강의의 목표, 내용과 강의 방식은 다음과 같다.

무역 실무 수행형 강의 수강을 통해 수강생들이 해당 분야 전공 지식을 심화시키고 현장 경험적 지식을 습득하는 것을 목표로 하였다. 이를 통해 수강생들이 취업이나 창업 역량을 제고하고, 진로 설정의 계기를 마련하는 효과도 목표로 하였다.

■ 표 12-1 BPIS 수업모델의 예시

	BPIS 모델의 내용		비중
Basic Competency (기초 역량 강화)	해외시장 및 국내 전자상거래 현황과 중요성, 종류_G2G BM 등 성과창출 기존 사례 기존 학기 우수 혁신 사례 실무수행을 위한 기본 모델 학습 실행가능 무역 실무 수행 방법과 사례 학습		30%
Practice (실무 수행 경험)	팀과제 수행 지도 및 코칭 팀구성 및 기본 활동 및 평가구조 이해 전자상거래 플랫폼 이해 및 구축 시장조사 및 아이템 선정 마케팅에 대한 이해와 실습 공급자 및 바이어 관리 등 전체프로세스 관리를 통한 이윤 창출 기타 리스크 관리		40%
Innovation & Sharing (혁신 창출 성과 공유 확산)	팀 과제, 실무 경험 수행 중 혁신적 방안 도출 및 경험 습득 창출된 혁신적 지식과 경험을 수업시간을 통해 공유, 다른 팀 지원		30%

BPIS 모델을 적용한 무역 실무 수행형 강의는 다음과 같은 방법으로 진행되었다.

* 강의 개요 설명 및 수강생 팀 빌딩
* 강의 교수(teaching)와 실무 전문가인 겸임 교수(coaching)의 공동 티칭
* 기업 대표, 전자상거래무역 실무자 등 외부 현장 무역 전문가 초청 특강
* 코트라, 무역협회 등 무역 유관 기관 전문 교육 자료(동영상 등) 활용
* 팀별 무역 실행을 위한 토의 및 과제 수행, 수행 도중 자문 실시
* 팀별 과제 수행 결과에 대한 정리 및 발표, 수행 보고서 제출, 평가

3. 성과, 한계점 및 새로운 시도

가장 큰 성과는 20대 초반의 젊은 대학생들의 열정이 만들어 낼 수 있는 무한한 가능성을 확인했다는 것이다. 처음 수업을 들을 때는 약간의 관심 정도밖에 없던 학생들이 한 학기 4달 정도 기간 동안에 많은 성과를 단기간에 달성하는 것을 볼 때 마다, 매 학기 한 번도 빠짐없이 늘 학생들은 기대 이상의 성과를 보여준다는 점을 확인할 수 있었다.

한편 한 학기 강의라는 시간적 한계와 한정된 예산의 물리적 한계 때문에 금전적 매출과 수익의 확대를 이루어 내는 데는 한계가 있었다. 또한 수강생들의 팀 활동에 대한 부담은 다른 일반적 강의식 수업에 비해 매우 어려운 과목으로 자리매김해서 쉽게 수강하기 힘든 과목이 된 측면이 있다. 또한 체계적인 수업 커리큘럼 및 교재와 실무 경험을 가진 교수자원의 확보 또한 추가적으로 필요함을 느낄 수 있었다. 이러한 공급적 측면의 개선을 통해 수강생들의 지속적 관심을 유도할 수 있는 향상된 형태의 실무 연계형 강의 개발이 지속적으로 필요하다는 점을 확인할 수 있었다. 본 교재의 저술 또한 이러한 측면에서 시도되었다고 볼 수 있다.

수업시간을 통한 무역 실무 경험 활동을 진행한 팀들은 매 학기 10여 팀에서 많게는 20팀이 넘는다. 이러한 팀 활동 결과는 다음카페(http://cafe.daum.net/moosupjung)를 통해 수강생들 뿐 아니라 매 학기 미래의 수강생들과 수강하면서 카페에 가입한 모든 학생들에게 공유된다. 실제 이러한 수강생 중심의 카페 회원은 현재 1,100여 명에 달하고 있다.

이들의 모든 아이템 선정 및 활동 결과와 달성실적은 현재 국제전자상거래 수업을 같이 담당하고 있는 강호승교수(겸임교수, 국제전자상거래 업체 대표)와 공동으로 운영 중인 카페에서 확인할 수 있다. 아래 캡처에서 보이는 최신 글들은 2020년 2학기 국제전자상거래 수업에서 9개 팀이 올려둔 최종 결과 발표 자료들이다. 수강한 9개 팀 중 대다수의 팀이 미국 아마존 사이트에서 본인들이 직접 선정하고, 소싱하여, 사이트에 업로드한 아이템으로 판매 실적을 달성한 것을 확인할 수 있다.

구체적인 사례를 모두 소개하기는 지면 관계상 어려울 것 같아, 학기별로 수업에서 이루어진 팀별 실적을 우수 팀을 중심으로 2개 학기만 정리해 보면 아래와 같다. 아래 표에서 보는 바와 같이 매 학기 수업에서 수강생 팀들은 수입 또는 수출 아이템을 선정해 기존 사업자가 있는 기업과 협력하거나, 아니면 신규로 사업자를 등록해 매출을 달성하는 경험을 보여주었다. 이러한 과정에서 관세사의 정식 통관 협력이나 실제 기업을 하시는 사장님들의 수업 시간 특강을 통한 제품 소개 및 팀 협력 매칭 등이 큰 도움이 되었다. 또한 각 팀별로 선배나 기존 업계의 실무 전문가의 멘토링을 받도록 유도해 이들 멘토들의 도움 또한 큰 역할을 한 것으로 판단된다.

▌그림 12-1 무역실무 수업 사례

▌표 12-2 2017년 2학기 다국적기업론(캡스톤 디자인) 수업 과제 사례

순위	조이름	수입아이템	매출액 및 실적
1	제로슬라임	슬라임	2,697,540원
2	EAND International	모링가	전시회를 통한 판매
3	8조	무선충전기	1,705,000원
4	힐링하조	과일청	박람회 및 스토어팜 통한 판매
5	2조	캔들	사업자 등록 후 프리마켓 및 sns를 통한 판매 케이서 폰케이스
6	케이서	폰케이스	4,249,900원

이러한 수업 중 팀 활동을 통한 실무 경험을 토대로 재학 중에 팀 전체가 창업해 상당한 수익을 내고 있는 팀들 또한 다수 존재하며, 졸업 후 곧바로 사업을 확장해 2명의 직원을 채용하고 운영하는 무역업계 사장이 된 학생도 확인되고 있다. 또한 지속적인 교류가 되지 않아 확인은 되지 않지만 스스로

사업을 진행하는 학생들 또한 가끔씩 이런저런 이유로 연락이 되어 재학 시절 경험한 실무경험이 취업과정이나 사업을 수행하는 중에 큰 도움이 되었다는 얘기를 종종 듣는다.

▌표 12-3 2018년 1학기 1분반 팀별과제

순위	조이름	수출아이템	수출아이템 총 매출액	수입아이템	수입 아이템 총 매출액
1	Team 허생	꽃차	-	뿌리는 다리미	875,000원
2	PORT	싱크대 배수구 거름망	-	천연비누	944,000원
3	해시포테이토	다이어트 보조제	61,800원	베트남 쌀국수	540,000원
4	여섯명있조	관광상품	-	찻잔	360,000원

▌표 12-4 2018년 1학기 2분반 팀별과제

순위	조이름	수출아이템	수출아이템 총 매출액	수입아이템	수입 아이템 총 매출액
1	SYNERGY PLUS	입욕제	-	트윌리	365,000원
2	A-flow	레인부츠	-	누가크래커,중국차	1,036,000원
3	JMS	화분	189,000원	-	-
4	스마트데디	베베가닉 상품	-	애완용 털장갑	370,500원
5	기분좋조	변기청소용품	-	젤캔들	426,300원
6	Castor	미백크림	-	속눈썹	309,551원
7	ALP	샤워기	-	생리컵	2,632,500원

앞으로 보다 체계적인 준비를 통한 교과과정의 업그레이드와 확산을 추구하고, 동아리나 실제 학내 교수 창업 기업 활동과 연계하는 비교과 과정 또한 개발하고 운영해 이러한 실무 중심의 교육기반을 확대해 나가는 것을 추진할 예정이다. 이를 통해 향후 무역업계에서 대학을 기반으로 하는 많은 혁신적 기업이 출현하고 이들의 성장에 기여해 학생들과 대학과 지역경제와 국가경제 발전에 기여할 수 있기를 바란다.

참고 문헌

┃국내┃

오원석, 박광서, 무역상무(제4판), 삼영사, 2020.

중소기업연구원, 중소기업 정책동향 브리프, 2017. 10.

사단법인 한국창업보육협회, 기술창업기초, 2017.

우리은행, 중소기업을 위한 현장실무 가이드, 2012.

김형길, 정구도, 창업경영, 도서출판 두남, 2012.

중소벤처기업부 창업진흥원, 기술창업론_K-Startup, 2016.

LG경제연구원, 비즈니스모델 혁신에 성공한 기업들, LG Business Insight, 2014(11).

장경수, 관광창업론, 상지대학교, 2019.

김성훈, 무역창업 가이드, 도서출판 두남, 2016.

한국과학기술정보연구원(KISTI), 성공 창업을 위한 시장조사 및 시장분석, 2016.

(주)코비존상사, On & Off Line 바이어 발굴 기법.

식품의약품안전평가원, 무역 실무의 이해, 2017.

한국무역협회, 무역실무매뉴얼, 2020.

주식회사 나이스디앤비, 안전한 수출의 첫걸음 - 바이어의 신용조사, 2019.

한국무역협회, 수출기업의 해외 전시회 활용 실태와 시사점, 2007.

코트라, 중소기업을 위한 온라인 수출 마케팅 가이드, 2012.

남풍우, 실용 무역실무, 도서출판 두남, 2017.

최낙복, 국제무역실무, 도서출판 두남, 2012.

┃해외┃

Zoltán J. Ács et al., The Global Entrepreneurship Index 2019, Technical Report · January 2020

Canada Economic Development for Quebec Regions, Info Entrepreneurs

┃웹사이트 기타┃

(위키피디아 재인용) 기술창업자의 학습동기, 학습의지가 기업가 정신과 기업성과에 미치는 영향(2010), 송정현

https://easylaw.go.kr/CSP/CnpClsMain.laf?csmSeq=577&ccfNo=2&cciNo=3&cnpClsNo=1

https://easylaw.go.kr/CSP/CnpClsMain.laf?popMenu=ov&csmSeq=25&ccfNo=1&cciNo=1&cnpClsNo=4

경희대학교 중앙도서관,
https://library.khu.ac.kr/seoul/entrepreneurship/entrepreneurs

부산광역시 베트남사무소, 무역실무 가이드,
http://busan-hcmc.org/cyber_trade/Lectures/lecture_index01.html

수입 향수 가장 저렴한 유통 채널은?
http://bunseok.net/web/board_kyDM35/4966

시장 조사 내용
http://exportcenter.go.kr:9090/portal/contents.do?key=546

시장조사 보고서 샘플
https://www.kati.net/board/reportORpubilcationView.do?board_seq=92329&menu_dept2=49&menu_dept3=51

유니콘 기업의 공동 창업 사례
https://platum.kr/archives/75626

전략물자관리원, 미국 수출관리규정(EAR) 재수출통제(1),
https://blog.naver.com/hi_kosti/100138110078

창업기업사업계획서,
http://www.bizinfo.go.kr/flexr/docView_flexr.jsp?FileDir=%2F&SystemFile
Name=SIIA200_201605271339106950.hwp&ftype=hwp&FileName=%EC%B0
%BD%EC%97%85%EA%B8%B0%EC%97%85_%EC%82%AC%EC%97%85%EA%B
3%84%ED%9A%8D%EC%84%9C_%EC%96%91%EC%8B%9D.hwp

통계청, 화장품 제조판매업체 수입한 화장품의 판매(유통) 구성비
https://kosis.kr/statHtml/statHtml.do?orgId=358&tblId=DT_KHI010

프로 기획자가 즐겨찾기하는 시장조사/자료조사 사이트
https://blog.ibk.co.kr/1556

한상무역포럼 트레이드킹 웹사이트,
http://www.tradeking.co.kr/

화장품 유통 구조
http://blog.naver.com/PostView.nhn?blogId=aui600629&logNo=221028928
632

Fobes
https://www.forbes.com/sites/martinzilng/2013/02/18/10-ways-for-startu
ps-to-survive-the-valley-of-death/?sh=8a401c469eff

Inquiry sample
https://www.doctemplates.net/how-to-format-an-inquiry-letter-for-prod
uct/

나이스디앤비, 미국 BIR 샘플

https://m.blog.naver.com/PostView.nhn?blogId=nicednbglobal&logNo=221
559323070&categoryNo=16&proxyReferer=https:%2F%2Fwww.google.co
m%2F

글로벌 브라우저 시장 점유율

https://www.stetic.com/

글로벌 검색 엔진 시장 점유율

https://www.reliablesoft.net/

2021년 수출 바우처 지원사업 발표 자료

www.exportvoucher.com

한국 시장에 이스라엘 잼 수입 및 유통 성공 사례

https://www.koisra.co.kr/ko/case-studies/import-and-distribution-of-jam
s-in-the-korean-market/

시장조사 보고서와 마케팅 전략

https://news.kotra.or.kr/user/globalAllBbs/kotranews/album/2/globalBbsD
ataAllView.do?dataIdx=164135

INCOTERMS 2020, International Chamber of Commerce
https://iccwbo.org/publication/incoterms-2020-practical-free-wallchart/

코트라 해외시장 뉴스   2010-03-19

https://news.kotra.or.kr/user/globalAllBbs/kotranews/list/2/globalBbsData
AllView.do?dataIdx=96258&column=&search=&searchAreaCd=&searchNati
onCd=&searchTradeCd=&searchStartDate=&searchEndDate=&searchCateg
oryIdxs=&searchIndustryCateIdx=&page=450&row=100

한국무역협회_수출계약서 예시

https://www.kita.net/cmmrcinfo/cmmrcFormat/oldCmmrcformat/oldCmm
rcformatDetail.do?pageIndex=1&nIndex=74536&iframe=Y&searchReqTyp
e=detail&searchOption=5&searchKeyword=

포장 목재 방역 마크

https://www.packnetltd.com/the-three-ispm-15-marks-for-wood-packagi
ng-materials/
https://blog.naver.com/ulsan-port/222120708654

무역 사기와 클레임
중기이코노미
http://www.junggi.co.kr/article/articleView.html?no=25402
디지털타임스
http://www.dt.co.kr/contents.html?article_no=2006102302010351603004

무역 창업 실무

초판발행	2021년 3월 5일
지은이	정무섭·서환승
펴낸이	안종만·안상준
편 집	박선영
기획/마케팅	정성혁
표지디자인	이미연
제 작	고철민·조영환
펴낸곳	(주)**박영시**
	서울특별시 금천구 가산디지털2로 53, 210호(가산동, 한라시그마밸리)
	등록 1959. 3. 11. 제300-1959-1호(倫)
전 화	02)733-6771
f a x	02)736-4818
e-mail	pys@pybook.co.kr
homepage	www.pybook.co.kr
ISBN	979-11-303-1254-5 93320

정 가   15,000원